Porozmawiaj Z Duchami

Talk to the Entities

Czy Duchy Są Prawdziwe?

Shannon O'Hara

ACCESS
CONSCIOUSNESS®
PUBLISHING

© 2012 Shannon O'Hara

Tłumaczenie: Beata Świacka

Redakcja: Jesper Nilsson & Beata Swiacka (Paulina Skorwider – edycja)

Typografia i projekt: Shannon O'Hara & Jesper Nilsson

Projekt okładki: Kiu Mars Imandel

Jeśli chcesz dowiedzieć się więcej o książce lub masz pytania, wejdź na stronę:
http://talktotheentities.com

ISBN 978-1-63493-144-1

Druk Dostęp Świadomości Publishing, LLC

Podziękowania

Wielkie podziękowania dla Kacie Crisp z Marin County za pomoc w rozpoczęciu tego projektu. Bez niej, kto wie, ile czasu by mi to zajęło. Jesteś cudowną kobietą, dziękuję, dziękuję, dziękuję. Podziękowania dla wszystkich tych, którzy przyczynili się do tego, że ta książka jest tym, czym jest: Liam Philips, Simone Philips, Stella Janouris, Heidi Kirkpatrick, Jesper Nilsson, Ryan Gantz, Jason Stahl, Q-Mars Imandel, Igor Andreotti, Beata Swiacka i Paulina Skorwider. Dziękuję Wam wspaniali przyjaciele, przyczyniacie się do tego, że moje życie i ta planeta jest piękniejszym miejscem.

Najbardziej dziękuję Garemu Douglasowi, który był inspiracją, dostarczył narzędzi i magii, które pozwoliły nie tylko na to, że powstała ta książka, ale pozwoliły na jeszcze wiele innych rzeczy, wykraczających ponad tę rzeczywistość.

Dziękuję i jak może być jeszcze lepiej?

Spis treści

Prolog

Minęło już cztery i pół roku odkąd ta książka, po raz pierwszy pojawiła się na świecie i zaczęła kreować swój własny głos. Przez cały ten czas, tak naprawdę nigdy nie przypuszczałam, że będzie ona miała tak ogromny wpływ na świat i życia tych wszystkich ludzi, których dotknęła, włączając w to moje życie. Wiedziałam, że musiałam opowiedzieć swoją historię w nadziei, że pokaże ona innym, że na świecie jest inna możliwość i być może oni nie są tak popieprzeni jak myśleli, że są. W tamtym czasie nie wiedziałam jak ta książka mogłaby tego dokonać, ale z pewnością pokazuje mi to teraz.

Otrzymałam tak wiele wdzięczności od ludzi, którzy mówią, że w końcu zrozumieli to, co przez całe życie postrzegali i co prowadziło ich do szaleństwa; wreszcie mają jasność, spokój i łatwość z tym, że są świadomi świata duchów. Inni, powiedzieli mi, że tylko po przeczytaniu książki, ich postrzeganie istnień bardzo się zwiększyło, tak jakby książka sama w sobie była drzwiami, przez które weszli do swoich własnych zdolności.

Porozmawiaj z Duchami bardzo mocno zaistniała w ciągu ostatnich czterech i pół roku i cały czas się rozwija, dotykając i zmieniając coraz więcej ludzkich żyć (wcielonych i nie- wcielonych). Obecnie, na całym świecie, mamy Facylitatorów TTTE, którzy pokazują ludziom te niesamowicie łatwe i efektywne narzędzia i procesy TTTE oraz Access Consciousness.

Pokazują ludziom jak skończyć ze strachem i zamieszaniem wokół istnień, udostępniają ich głęboką świadomość i dotykają światów możliwości, które chociażby pięćdziesiąt lat temu były uznawane za niemożliwe lub uznawane za bajkę.

Wiem, że ja i wielu Facylitatorów TTTE, pracujemy dla przyszłości, gdzie strach przed istnieniami jest w dalekiej przeszłości. Gdzie przesądy, histeria i impotencja w odniesieniu do świata duchów jest wyjątkiem, a nie normą. Ja osobiście chciałabym widzieć przyszłość, gdzie świadomość duchów jest znana, gdzie używa się narzędzi Access Consciousness, a TTTE jest stosowane we wszystkich platformach edukacyjnych, aby wzmocnić ludzi. Również, w instytucjach psychiatrycznych, aby tam edukować zamiast leczyć.

Chciałabym widzieć przyszłość, gdzie świat duchów wychodzi z cienia i jest wystawiony na światło, aby każdy mógł zobaczyć i poznać spokój i łatwość, który może tam być. Już dość strachu przed śmiercią jako końcem. Już dość głębokiego osądzania tych, którzy słyszą głosy świata duchów i już dość chowania kluczy do świadomości, które uwolniłyby i uwolnią tak wielu.

Jeżeli po raz pierwszy czytasz tę książkę, to mam nadzieję, że Ci się podoba i może kilka żarówek wystrzeli i być może znajdziesz kilka kluczy do odblokowania Twojego własnego świata. A jeśli czytasz ponownie tę książkę, może użyjesz tych kluczy, aby wejść jeszcze głębiej w to co wiesz? Jak może być jeszcze lepiej i co jeszcze jest możliwe z narzędziami świadomości, które pewnie trzymasz w rękach?

Wprowadzenie

No i proszę, siedziałam sobie przy stole, w lesie tropikalnym na Kostaryce, z moją przyjaciółką Tonyą i jej zmarłą siostrą. Tak, właśnie tak – z jej zmarłą siostrą. Moja przyjaciółka była wyraźnie zestresowana i wzruszona; bardzo tęskniła za swoją bliźniaczką. Ja natomiast widziałam, że siostra Tonyi siedzi z nami przy stole. Siedziała na krześle naprzeciwko mnie, ale dla Tonyi była niewidoczna i nienamacalna – całkiem jak powietrze.

Och, przepraszam najmocniej – pozwólcie, że się przedstawię, nazywam się Shannon O'Hara i widzę zmarłych. Są na tym świecie ludzie, którzy słyszą, widzą, postrzegają i rozmawiają z duchami. Jestem jedną z tych osób. Komunikowałam się z duchami przez całe moje życie. W tej książce opowiem wam o czasach, kiedy w moim życiu wszystko to wydawało się być przekleństwem. Opowiem również o tym, jak zmieniło się moje podejście i w jaki sposób dorosłam do tego, aby doceniać ten niezwykły dar oraz opowiem o otwarciu drzwi do zmian i świadomości.

No więc siedziałam tam z Tonyą i jej zmarłą siostrą starając się pocieszyć moją przyjaciółkę, zapewniając ją, że jej siostra nie zniknęła na zawsze, wręcz przeciwnie – siedziała z nami przy stole i trzymała Tonyię za rękę. Chociaż moja przyjaciółka desperacko chciała w to wszystko uwierzyć, granica była dla niej zbyt duża i widziałam, że muszę z nią trochę bardziej popracować, żeby jej pomóc to uświadomić.

W jaki sposób powinnam była zbudować most łączący ją, nasz świat ze światem duchów, gdzie przebywała jej siostra? Czy Tonya będzie gotowa przejść po tym moście, jeśli go wybuduję? Dlaczego to ja widzę ducha siostry Tonyi, a ona nie? Cóż... to pozostanie jedną z największych tajemnic tego świata. Dlaczego niektórzy ludzie są dobrymi pływakami, a inni nie? Niektórzy rodzą się z darem pływania, jak sądzę. Ja urodziłam się z darem widzenia zmarłych (i wieloma innymi darami – ale o tym później) i czy mi się to podoba, czy nie – oto jest. Niektórzy ludzie myślą, że to dziwne, przerażające czy fascynujące, również przez to przeszłam. Miałam w życiu momenty, kiedy byłam przerażona tym, co widzę. W innych momentach byłam głęboko poruszona, zafascynowana i zaszczycona. Ostatnie 7 lat spędziłam na łączeniu ludzi z tego świata z ich zmarłymi bliskimi, uczyłam ich tego, co oznaczają duchy i zjawy oraz w jaki sposób kontaktować się z nimi osobiście.

Czasem jest to proste, a czasem bardzo trudne, aby pomóc ludziom w zmianie ich punktów widzenia na temat życia po śmierci. Niektórzy ludzie przyjmują wiadomości o tamtym świecie, a niektórzy z całą stanowczością zaprzeczają, że taki świat istnieje. Tacy ludzie bardzo rzadko pojawiają się, żeby ze mną rozmawiać z wiadomych powodów. Tonya przyszła do mnie, bo chciała zaznać spokoju ze swoją siostrą – nieważne jak miałoby to wyglądać. W miarę upływu czasu i naszej rozmowy z Tonyą coraz bardziej stawało się oczywiste, że była bardziej zainteresowana podtrzymywaniem swoich uczuć smutku i tęsknoty w stosunku do swojej siostry, niż zauważeniem, że jest z nami duch, nieograniczona istota, jaką jest jej siostra. Gdyby Tonya zdecydowała się na zrozumienie i zauważenie tego, zmieniłaby się podstawa, na której zbudowała swoją rzeczywistość. Gdyby uznała, że jej siostra była z nami, bez ciała – w jaki sposób zmieniłby się jej system wartości? W jaki inny sposób zobaczyłaby świat i co mogłoby się w nim zmienić?

Wszystko, co mogłam w tej sytuacji zrobić, to być medium pomiędzy Tonyą i jej siostrą, pośrednikiem pomiędzy możliwym i „niemożliwym". Siostra Tonyi była jasna i przejrzysta. Łatwo było nawiązać z nią kontakt, a nie jest to regułą, jeśli chodzi o kontakty z bytami. Przeszła na drugą stronę w pełni świadomie i teraz połączyła ze mną siły, żeby pomóc siostrze odnaleźć spokój po jej odejściu.

Zapytałam Tonyę, co chciałaby uzyskać po tej sesji, opowiedziała, że chciałaby wiedzieć, czy jej siostra ma się dobrze. Uważam, że to myślenie jest trochę ironiczne. To ludzie, którzy zostali po tej stronie cierpią. Ci, którzy przeszli na tamtą stronę mają się dobrze, w większości przypadków. Siostra Tonyi powiedziała mi, że była z Tonyą zaraz po śmierci i czuła współczucie dla Tonyi, że musi przez to wszystko przechodzić. Chciała też, żebym przekazała Tonyi, że zostanie z nią dopóki ta nie poczuje się lepiej i nie będzie gotowa na to, żeby jej siostra odeszła. Musiałam pamiętać, że jestem tylko przekaźnikiem. Nie mogłam spowodować, żeby Tonya przyjęła kochającą obecność jej siostry, nie mogłam również sprawić, żeby poczuła, że jej siostra trzyma ją za rękę. Mogłam jedynie otworzyć drzwi, nie mogłam jej przez nie popchnąć. To czasami najbardziej frustrująca sytuacja dla medium. Bardzo chciałabym ofiarować ludziom całą swoją wiedzę na temat bytów, żeby mogli wiedzieć, jak rozmawiać z ukochanymi osobami, które przeszły na tamtą stronę. Byłoby to niewątpliwie dużym remedium na ból, który czują ludzie po stracie bliskich.

Również ja powinnam pamiętać moje rozterki związane ze zrozumieniem, że duchy są prawdziwe. Tak, spędziłam kilka ładnych lat na zaprzeczaniu temu i odrzucaniu tej świadomości. O tym opowiem później.

Poszukiwałam sposobu, który pozwoliłby skontaktować Tonyę i jej siostrę tak, aby Tonya mogła z nią rozmawiać wtedy, kiedy nie było mnie w pobliżu. Mam potrzebę podarowania ludziom narzędzi i procesów, żeby mogli to zrobić samodzielnie. Wierzę, że każdy może robić to, co ja potrafię. Powtarzałam Tonyi, że jej siostra ma się dobrze, tak naprawdę lepiej niż Tonya. Rozmawiałam z Tonyą miesiąc później i otrzymałam od niej interesujące wiadomości. Tonya powiedziała, że podczas sesji nienawidziła mnie za to, że powiedziałam jej, że jej siostra była razem z nami, a ona po prostu nie chciała jej widzieć. Powiedziała, że w miarę upływu czasu zaczęła widzieć, że jej siostra jednak jest blisko niej – tak, jak jej wcześniej powiedziałam. Zaczęła widzieć wokół siebie znaki.

Zrozumiała, że emocje i uczucia ograniczały dostęp jej siostry do niej. Emocje Tonyi blokowały ją przed otrzymywaniem i zauważaniem wszystkiego, co nie zgadzało się z tymi emocjami i uczuciami. Gdyby Tonya pozwoliła swojej siostrze ciągle uczestniczyć w swoim życiu, ale bez ciała, czy Tonya mogłaby trzymać się tego smutku i żalu tak bardzo? Tonya zdała sobie sprawę, że nie mogłaby zatrzymać smutku, gdyby duch jej siostry był naprawdę przy niej. Zaczęła rozumieć, że może komunikować się z siostrą nie tak, jak poprzednio za pomocą słów i gestów, ale za pomocą energii i świadomości.

Dopiero wówczas Tonya zaczęła doświadczać, jak to jest, kiedy jej siostra chce się z nią skomunikować. Zaczęła rozpoznawać uczucia i przebłyski tego, jak to wygląda. I powoli, z pomocą swojej siostry, Tonya zaczęła zmieniać sposób widzenia różnych rzeczy. I tak rozpacz, którą czuła po śmierci siostry zamieniła się w możliwość odczuwania istnienia innego świata i innego istnienia. Wcale nie żartuję – niemożliwe stało się możliwe. I co jeszcze jest możliwe?

CZĘŚĆ PIERWSZA
Na początku...

"Największym naszym strachem nie
jest to, że nic nie znaczymy.

Naszym największym strachem jest to, że
jesteśmy potężni ponad wszystką miarę.

To nasze światło, a nie ciemność nas przeraża.

~ Marianne Williamson ~

Dzieci Mają Klucz

Widziałeś kiedyś dzieci, które gapią się na coś, co nie istnieje i pokazują to paluszkami? Byłam jednym z nich. Moja mama mówiła, że gdy byłam noworodkiem, leżałam w kołysce, śmiałam się, rozmawiałam po swojemu i wyciągałam rączki do czegoś, czego moja mama nie mogła zobaczyć. Gapiłam się ponad głowami ludzi tak intensywnie, że zaczynali się zastanawiać, czy ktoś przy nich lub za nimi nie stoi. Oglądali się za siebie, ale nie widzieli nikogo. Widziałam, patrzyłam na byty i pola energetyczne dookoła nich.

Gdzie jest ta granica, którą przekraczamy jako dzieci? Kiedy poddajemy się i decydujemy, że nie widzimy i nie rozpoznajemy?

W powietrzu były siatki i linie, które falowały i błyszczały energią, wszystko pulsowało elektrycznością i kolorami. Dopiero, kiedy skończyłam 11 lat, zdałam sobie sprawę, że ludzie nie widzą i nie doświadczają rzeczy, których ja doświadczam, a przynajmniej o tym nie mówią.

Jako dziecko nie wiedziałam, co to jest telepatia, natomiast ciągle słyszałam ludzkie myśli. To dziwne, kiedy słyszysz pięć różnych konwersacji wychodzących z czyjejś głowy. Jedna z nich wychodzi z ust tego człowieka, a cztery pozostałe z zupełnie innego miejsca. To interesujące, kiedy się widzi, jak dużo punktów widzenia ma jedna osoba w danym momencie. To było, jak czytanie ich życia, przeszłości, teraźniejszości i przyszłości w jednym momencie. Widziałam ich, stojących naprzeciw mnie w teraźniejszości i widziałam ich w innych istnieniach i przestrzeniach. Ktoś mógł stać przede mną, a ja widziałam, jak przemieniał się w różne rzeczy. Zawsze wyrażali i podtrzymywali wygląd tego, kim byli tu i teraz, ale wszystko wyglądało tak, jakby widzieć rzeczy nałożone na nich i dookoła nich. W jednym momencie stali przede mną i w następnym momencie ktoś inny tu był i moment później wracali do swojego wyglądu.

Wcale nie żartuję, myślałam, że wszyscy to widzą. Nie wiedziałam, dlaczego inni ludzie patrzyli na mnie jak na dziwaka albo szaleńca, kiedy zaczynałam z nimi o tym rozmawiać. Zrozumiałam, że lepiej nie rozmawiać o tym z większością ludzi. Przestałam więc to robić i w rezultacie przestałam widzieć i odczuwać, bo inni myśleli, że jestem szalona, a ja myślałam, że skoro tak myślą, to ze mną musi być coś nie tak.

Widziałam te „złe" rzeczy, które robili niektórzy ludzie, nie ważne czy robili te złe rzeczy w tym wcieleniu. Widziałam, co zrobili, co będą robić, nieważne czy mieli tego świadomość. Widziałam jeszcze ludzi, którzy byli mili i ciepli, i widziałam takich, którzy byli jednakowo „jaśni" i „ciemni", przytłaczający i ciepli, a grali kogoś innego.

Dzięki mojemu ojczymowi zrozumiałam, że to, co widzę, to ich różne wcielenia. Mój ojczym był zawsze wyposażony w różne narzędzia i potrafił wszystko sensownie wytłumaczyć.

Ciągle odpowiadałam na pytania, które ludzie zadawali w swoich głowach. Mogłam porządnie dokopać mojemu bratu, kiedy graliśmy w metafizyczną grę „Ja Szpieg". Bawiliśmy się w samochodzie: mój ojczym myślał o kolorze lub miejscu lub kształcie, a my próbowaliśmy to odszyfrować, odczytać całą informację metafizycznie i ją przekazać.

Myślałam, że wszystkie dzieci się tego uczą – w jaki sposób wydobywać informacje i obrazy z głów innych ludzi. Nigdy mi nie powiedziano, że jest to złe, niewłaściwe lub niemożliwe. Tak naprawdę byłam zachęcana do tego, aby to rozwijać.

Przykre rzeczy przyszły później, kiedy próbowałam wtopić się w otoczenie, ale dla dziecka wszystko było lekkością i magią. Nawet nie myślałam o tym, że jest to magiczne – to był niezwykły świat, w którym po prostu żyłam. Dzieci są takie szczęśliwe!

Wystarczyło jak moja mama tylko pomyślała, że mnie kocha, a ja jej odpowiadałam głośno na jej myśl „Ja Ciebie też kocham, mamusiu". Zawsze miałam z tym super zabawę.

Czytałam Aurę Zanim Zaczęłam Czytać Książki

Kiedy jesteś dzieckiem, nigdy nie myślisz, że jesteś dziwakiem albo kimś niezwykłym. Dopiero, kiedy dorastasz zaczynasz myśleć i zastanawiać się, w jaki sposób jesteś widziana przez innych. Dzieci są zdolne do tylu niezwykłych rzeczy, o których dorośli dawno zapomnieli albo zagrzebali w nieświadomości, żeby nigdy nie wyszły na światło dzienne.

Pewnego dnia, kiedy miałam 6 lat znalazłam bardzo interesującą książkę w biblioteczce moich rodziców. W książce narysowane były ciała, wokół których było mnóstwo kolorów. Byłam zafascynowana. Jako, że nie umiałam jeszcze czytać, mama powiedziała mi, że tytuł tej książki to „Ręce Światła. Przewodnik do uzdrawiania poprzez ludzkie pola energetyczne". Aury to pola subtelnych, świetlistych energii, które otaczają osobę lub rzecz. Bardzo często ukazywane są na religijnych obrazach jako aureole otaczające głowę anioła lub świętego. Rzuciłam się na książkę i wskoczyłam do łóżka moich rodziców, żeby ją przestudiować. Pokazałam mamie obraz kobiety otoczonej jaskrawym kolorem fuksji i powiedziałam, że wygląda tak jak jej kolor. Mama powiedziała mi, że podpis pod zdjęciem głosi „kobieta, która właśnie się dowiedziała o śmierci bliskiej osoby". Kilka dni wcześniej umarł ojciec mojej mamy.

Wskazałam inne zdjęcie - mężczyzny otoczonego żółtym śluzowatym kolorem i powiedziałam mamie, że ten wygląda jak mój brat Adam. Podpis pod zdjęciem oznajmiał „ktoś, kto właśnie wciągnął kokainę". W tym czasie Adam przechodził rehabilitację narkotykową.

Właśnie wtedy moja mama i mój ojczym Gary zdali sobie sprawę z tego, że widzę aury. Ich przyjaciele prosili, żebym powiedziała, jaki kolor ma ich aura, a ja rysowałam im rysunki. To było przezabawne. I pamiętajcie, miałam wtedy 6 lat. Wiedziałam, kiedy mama przychodziła do domu zła albo kiedy Gary martwił się o pieniądze, bo widziałam kolory dookoła ich głów i rąk. Kolory, które zmieniają się wokół ludzi wtedy, kiedy zmieniają się ich nastroje.

Nie miałam żadnej klasyfikacji i nie nadawałam żadnego znaczenia, żeby zdefiniować kolory i to, co one mówiły o danej osobie. Wiedziałam po prostu, co ludzie czuli, kiedy obserwowałam kolory i energie, które były wokół nich, kiedy odczuwali i myśleli o różnych rzeczach.

Czasem ciężko było mi zasnąć z powodu paranormalnych aktywności, których byłam świadoma. Mama opowiadała o niej i jej aurze, gdy leżałyśmy przytulone. Ponieważ lepiej widziałam jej aurę w ciemnościach, powodowało to, że łatwiej te ciemności znosiłam. Spędzając z mamą czas w ten sposób mogłam się zrelaksować i lekko odpłynąć w sen (sypiałam w łóżku moich rodziców lub u nich na podłodze, kiedy tylko mogłam, do czasu aż skończyłam 14 lat. Czyż nie byli z tego powodu szczęśliwi?).

Dorastanie W Byciu Dziwakiem

Czy wiesz, że oryginalna definicja słowa „dziwny" oznacza „pochodzący od ducha, losu lub przeznaczenia, uczestniczący w ponadnaturalnych zjawiskach"? Kiedy więc mówisz, że ktoś jest dziwakiem nazywasz go „pochodzącym od ducha, losu lub przeznaczenia". Czyż nie jest to dziwne?

Urodziłam się w Los Angeles, w Kalifornii w piękny ciepły dzień na początku października 1979 roku. Tego pięknego lata, kiedy moja mama była ze mną w ciąży, było bardzo gorąco, a jej ciało powiększyło się dwukrotnie! Och, radość z dawania życia! Urodziłam się bez żadnej farmakologicznej pomocy, moja mama miała bardzo silną wolę. Myślę, że to cudowna sprawa i uważam siebie za szczęściarę.

Moja mama była najstarsza z czworga rodzeństwa, wychowana w tradycji emigrantów irlandzkich mieszkających w Ameryce, wychowana w północno-wschodniej Pensylwanii, przesiąknięta religią i alkoholem. Jej znak zodiaku to Baran, ma ognisty temperament i silną wolę.

Mama urodziła mojego starszego brata Adama, kiedy miała 20 lat. Nie wyszła za mąż i nie miała wsparcia. Poszukiwała lepszego życia. Powiedziano jej, że wszystko jest możliwe na zachodzie, jeśli masz odpowiednią determinację. Zatem we wczesnych latach siedemdziesiątych wybrała się z pierworodnym – moim starszym bratem do południowej Kalifornii. W kieszeni miała kilka dolarów, a na rękach małego synka. Znalazła swoją Mekkę, jak zwykła była później mawiać o Los Angeles. Piękna pogoda, bardziej postępowe, liberalne środowisko.

Mama powoli wkroczyła w wielki przemysł filmowy i wypracowała sobie ścieżkę kariery jako agent atrakcyjnych i ekstrawaganckich gwiazd w maszynce do tworzenia celebrytów. Mniej więcej w tym samym czasie spotkała mojego ojca. Mój ojciec był nowoczesnym wędrownym Żydem. Był wychowany przez żydowsko-litewsko-polskich emigrantów w uroczym gettcie w Londynie, w Wielkiej Brytanii. Jako młody człowiek w wieku 18 lat, głęboko nienawidzący Londynu, uciekł do armii izraelskiej przed marną pogodą i życiem małoletniego pracownika fabryki. Będąc odrobinę mistykiem i trochę samotnikiem, po okresie życia w biedzie i w przeludnionym miejscu – z wielką radością przywitał ekspansywną otwartość pustyni synajskiej.

I jak zechciał przypadek, po przerwie w drodze powrotnej do Londynu, trafił do samolotu zmierzającego do Nowego Jorku, z biletem za 20 dolarów – jak głosiła reklama na tablicy ogłoszeń w pubie. W 1977 roku znalazł się w Los Angeles, po przygodach na deskach teatru i innych rzeczach, które wydarzyły się w międzyczasie. Niedługo potem spotkał moją mamę. Urodziłam się w 1979 roku, rodzice nigdy się nie pobrali. Byli kolejną młodą parą w południowej Kalifornii, która próbowała przeżyć. Chcieli, aby ich związek przetrwał, ale nie tak miało być. Kilka lat po moim urodzeniu rozstali się w zgodzie i do dziś są przyjaciółmi.

Ojczym

Kiedy miałam 4 lata, moja mama spotkała Garego, bardzo przystojnego człowieka, który stał się moim ojczymem. Wychował mnie razem z moją mamą i robiąc to ofiarował mi coś, co jest jeszcze bardziej wartościowe niż całe złoto tego świata: *świadomość*. Gary przeprowadził się dla pracy w 1968 roku z San Diego w Kalifornii do cichego morskiego miasteczka Santa Barbara. Santa Barbara to wyjątkowe, prawie nieporównywalne piękno krajobrazu z epicznymi górami, które schodzą do Pacyfiku. Możesz pływać w górskiej zatoczce i za kilka minut wpłynąć do oceanu, dokąd ta zatoczka prowadzi.

Gary był trochę człowiekiem renesansu. Specjalizował się we wszystkim, co tylko możesz sobie wyobrazić. Dla mojej mamy i dla mnie był wspaniałym rycerzem. Kiedy miałam 5 lat, moja mama, brat Adam i ja przeprowadziliśmy się z naszą małą rodziną z Los Angeles do Santa Barbara, żeby zamieszkać z Garym i moim nowym przyrodnim bratem Sky.

Kiedy mama i Gary zaczęli robić „dziwne rzeczy", Sky i ja zostaliśmy wtajemniczeni w bardzo różne dziedziny pochodzące od „różnych rzeczy". Dla tych, którzy nie wiedzą, co to jest channeling, wyjaśniam, że jest to proces, kiedy dana osoba opuszcza swoje ciało i pozwala innemu duchowi wejść w nie i przemawiać. Nasi rodzice bardzo interesowali się channelingiem. I nie było to wcale a wcale dziwne, kiedy przychodziłam ze szkoły w czwartek po południu i znajdowałam 20 osób ubranych na biało, leżących na podłodze w dużym pokoju, a jakiś mistyczny czy czarodziejski doktor coś śpiewał, wymachując rękami.

Moja mama zalecała odwołanie się do Tarota, gdy miałam problem z chłopakiem lub w szkole. Nie wiem, czy nazwiecie to naiwnością, natomiast wtedy myślałam, że tak się robi w każdym domu. Moi rodzice nie byli hipisami czy szaleńcami. Każdy z nich miał pracę i nam dzieciom zapewniali wyjątkowe zajęcia po szkole, takie jak lekcje pianina, naukę tańca, mecze piłki nożnej czy cokolwiek, co w danym czasie chcieliśmy. Mieli tylko inny sposób na postrzeganie świata. Kiedy zaczynałam się na coś skarżyć, mama mówiła, że mam problem z poprzedniego życia.

Mój brat Sky i ja nigdy nie zastanawialiśmy się nad tym, czy to, co robią nasi rodzice jest jakkolwiek dziwne, do czasu, kiedy dorośliśmy. I tak, kiedy inne dzieci szły z rodzicami w niedzielę do kościoła, my biegaliśmy ze Sky'em po podwórku, podczas gdy nasi rodzice rozmawiali z jakimś zmarłym za pośrednictwem kobiety o blond włosach. Błagałam mamę, żeby pozwoliła mi pójść do kościoła z moimi przyjaciółmi mormonami. Bardzo mi smakowały ciasteczka, które jedli po zakończeniu nabożeństwa.

Kiedy spędzaliśmy niedzielne poranki z rodzicami, mogliśmy być razem z nimi w pokoju i oglądać wszystko to, co się tam działo lub mogliśmy biegać po podwórku. To, co pamiętam ze spotkań w pokoju moich rodziców to spokój, który towarzyszył tym spotkaniom. Tak, jakby pomieszczenie było czymś wypełnione, czymś nienamacalnym. To tak, jakby słyszeć cały las, kiedy śpiewa – nie tylko wiatr, który porusza liśćmi, ale jakby częstotliwość, na jakiej porozumiewają się same drzewa.

To było w powietrzu, a jednak nienamacalne. Wszyscy w tym pomieszczeniu delikatnie błyszczeli, a szczególnie osoba, która właśnie coś mówiła – ona błyszczała intensywnie.

Gary i Duchy

Gary rozpoczął channeling kiedy ja miałam 7 lat. Ponieważ jest dość odważnym człowiekiem, powiedział sobie: „chciałbym to robić" i nie zwlekając zaczął. Channelingował różne istoty. Był to brat George, duży wesoły człowiek, chiński doktor o nazwisku dr Lee i Rasputin, szalony mnich z Moskwy.

Rasputin był jedynym bytem channelingowanym mówiącym przez Garego, który zaznaczył się na kartach historii. Rasputin żył na przełomie XIX i XX wieku w Rosji i był uważany za uzdrowiciela, mistyka i proroka. Swoją sławę zawdzięczał temu, że jako jedyna osoba uzdrowił młodszego syna cara i carycy – Aleksego, który chorował na hemofilię. Przed uzdrowieniem Aleksy bardzo cierpiał i był bliski śmierci. Rasputin był ciekawym charakterem, znany był ze swoich podejrzeń i ocen innych, jak również z niedbałego wyglądu i złego wychowania. Jednakże nikt nie mógł zaprzeczyć, że miał niezwykłe możliwości. Jako mały chłopiec wychodził z chorób raz po razie, jakby za pomocą magii.

Kiedy Rasputin, którego pieszczotliwie nazywaliśmy Raz, wchodził w ciało Garego, ten rozmawiał po rosyjsku lub angielsku z ciężkim rosyjskim akcentem. Gary nie znał w ogóle rosyjskiego poza słowami: ruble i stolichnaya. Taki fenomen jak channeling nie tylko jest dobrą zabawą, ale również solidną podstawą do poznawania niewiadomego na temat tajemnic tego świata i tego, do czego zdolni są ludzie.

Podczas channelingu, ciało Garego zmieniało się przybierając postać charakterystyczną dla channelingowanego ducha. Kiedy pojawiał się brat George, Gary wydawał się puchnąć do swojego czterokrotnego rozmiaru, kiedy channelingował doktora Lee, jego oczy stawały się cieniutkie i małe jak oczy starszego Azjaty. Nie żartuję – zmieniały się fizyczne cechy jego ciała.

Bardzo mi się te sesje podobały, kiedy pozwalano mi na późne kładzenie się spać. Lubiłam doktora Lee. Zawsze powodował, że pokój mienił się i wzbudzał we mnie śmiech, jakby ktoś mnie łaskotał. Brat George był hałaśliwy i kiedy już spałam, a on się pojawiał, budził mnie swoim gromkim śmiechem. Raz był dla mnie przykładem ojca, zawsze czułam się kochana, kiedy się ukazywał.

Uważałam go za swojego świętego. Kiedykolwiek byłam smutna lub wystraszona, prosiłam go energetycznie o ochronę i pomoc. Może to się wydać dziwne, że młoda dziewczyna prosi o pomoc Rosjanina, który uważany był za kobieciarza i alkoholika, ale ja nie postrzegałam go w ten sposób, znałam go z innej strony energetycznej. Rasputin był najsilniejszym z duchów channelingowanych przez Garego. I był tym, który pozostał, kiedy inne byty odeszły. Rasputin był niezwykłym uzdrowicielem podczas swojego życia, i jako duch przeszedł przez nasze istnienia, aby znaleźć większe poczucie spokoju i świadomości.

Ciuciubabka

Ja i mój przyrodni brat Sky, oboje urodziliśmy się w 1979 roku. W wieku dziecięcym byliśmy równi wzrostem i mieliśmy jednakową wagę. Byliśmy nawet bardzo podobni do siebie. Nie moglibyśmy być do siebie bardziej podobni, gdybyśmy byli prawdziwymi bratem i siostrą. Staliśmy się najlepszymi kumplami od bijatyk. Jeśli się nie biliśmy, to siedzieliśmy w garażu na tyłach domu i wymyślaliśmy biznes, który przyniesie nam tysiące dolarów, zbieraliśmy puszki do recyclingu, czy sprzedawaliśmy róże z ogrodu sąsiadów.

Kiedyś pięknego słonecznego dnia, Gary zabrał nas do Summerland, sąsiedniego miasta, gdzie miał do załatwienia interesy. Po drodze słońce odbijało się od oceanu, a wielkie stare domy, restauracje i sklepy z antykami poutykane były na wzgórzach. Gary zatrzymał samochód przed dużym drewnianym domem, który był sklepem z antykami.

Ja i mój przyrodni brat Sky nie tylko urodziliśmy się w tym samym roku, dzieliliśmy także taką samą radość biegając wspólnie na zewnątrz, kiedy dorośli zajmowali się swoimi interesami. Jestem przekonana, że Gary też wolał, kiedy biegaliśmy po podwórku, podczas gdy on załatwiał swoje sprawy, nie chciał żeby mu przeszkadzało dwóch dzikich Indian. Piękno antyków wcale nas nie interesowało. Co innego świat na zewnątrz, dom otoczony wielkimi drzewami, zagajnikami i antykami, które znajdowały się w cieniu ogrodu.

Sky i ja zaczęliśmy bawić się w ciuciubabkę. Wiem, że Sky był tym zachwycony, ale nie była to do końca czysta gra. Miałam po swojej stronie pomocników, którzy normalnie byli niewidoczni, nawet dla nic niepodejrzewającego Sky'a, dla mnie za to bardzo realni. Kiedy przychodziła kolej Sky'a, żeby się schować i ja miałam go szukać, musiałam tylko popatrzeć w okno, które znajdowało się w sklepie z antykami, tam pojawiał się mężczyzna w afrykańskiej masce. Tak naprawdę nie widziałam całego jego ciała, ale on tam był i rozmawiał ze mną. Traktowałam tego ducha w masce tak, jak ktoś może traktować drzewo. Wiesz, że drzewo rośnie, ale nie będziesz z nim rozmawiać tak, jakbyś rozmawiał z inną osobą. Wiesz, że drzewo jest, ale większość ludzi nie wie, że to drzewo coś mówi, ja to wiem, nie słyszę słów, wiem to energetycznie.

Byt, który stał w oknie na drugim piętrze nie zwracał się do mnie bezpośrednio, ale mówił do mnie w podświadomości. To było tak, jakbym miała myśl albo odczucie. Od razu wiedziałam, że mężczyzna w masce bawi się z nami, oczywiście nie wiedział o tym Sky. Mój przyjacielski duch wskazywał drogę, gdzie Sky się schował. Nie musiałam nawet patrzeć na tego mężczyznę, żeby powiedział mi gdzie jest Sky. Słyszałam głos w mojej głowie: „za krzakiem" albo „w stogu". Zawsze znajdowałam Sky'a w kilka sekund.

A jemu zawsze zajmowało to więcej czasu, żeby mnie znaleźć. Podejrzewam, że Sky nigdy się nie dowiedział, z kim tak naprawdę bawił się w chowanego.

Samolot Bez Skrzydeł

To nie jest historia o duchach, to opowieść o widzeniu ponad tę rzeczywistość.

Kiedy otworzysz wrota do komunikacji z bytami, otworzysz również drogę do widzenia i postrzegania różnych rzeczy wykraczających poza tę rzeczywistość. To samo dotyczy istot pozaziemskich i latających talerzy. Wierzę, że istnieje dużo istnień pozaziemskich i jest to dla mnie zupełnie normalne.

Szkoła i ja nie do końca się rozumieliśmy. Moi biedni nauczyciele przeżywali ze mną męki, próbując przekonać mnie, żebym przestała gadać, biegać i flirtować z chłopakami podczas zajęć. Lekarze definiują to jako ADD (niemożliwość skupienia uwagi). Lek Ritalin nie był jeszcze wtedy tak znany i przypisywany dzieciom, ale nauczyciele w mojej szkole podstawowej próbowali przekonać moich rodziców, żebym zaczęła go przyjmować.

Rodzice się na to nie zgodzili, nie cierpiałam na brak możliwości skupienia się, po prostu miałam dostęp do całej masy energii. Bardziej służyło mi bieganie po górach przez cały dzień niż siedzenie przy biurku. Jeden z moich nauczycieli w piątej klasie posunął się nawet do tego, że zorganizował mi malutki osobny stolik, żebym nie przeszkadzała innym dzieciom. Moi koledzy w klasie siedzieli przy stolikach sześcioosobowych, a ja przy jednoosobowym – jak na samotnej wyspie. To niestety nie zadziałało – po prostu musiałam więcej krzyczeć do dzieci przy innych stołach. Biedny nauczyciel.

Pewnego dnia, w trzeciej klasie bawiłam się na moich drugich co do kolejności ulubionych zajęciach (pierwsze zajęcia to była przerwa) – wychowaniu fizycznym. Graliśmy na zewnątrz szkoły, na wielkiej połaci asfaltu znajdującej się naprzeciw budynku szkolnego.

Graliśmy w piłkę i miałam pozycję w trzecim rzędzie, którą uwielbiałam, bo mogłam oszukiwać do woli i być tak aktywna, jak tylko chciałam. Kiedy dokazywałam w tym trzecim rzędzie, uniosłam głowę i zobaczyłam największy na świecie samolot, jaki do tej pory widziałam. Był wielkości całego naszego boiska, mierzył może ćwierć mili. Był cały srebrny, nie miał skrzydeł ani okien i frunął blisko ziemi. Wyglądał jak olbrzymie cygaro.

Byłam tym całkowicie zauroczona. Kiedy na niego patrzyłam, wydawał się absorbować wszystkie dźwięki z okolicy. Chociaż widziałam moich kolegów, nie słyszałam ich. Pojazd emanował gęstą i namacalną energią. Zauważyłam także, że poza mną nikt tego nie widział. Zaczęłam skakać wskazując palcem, żeby wszyscy zobaczyli to, co ja. Ale zdawało się, że nikt nie słyszy, jak krzyczę. Wrzeszczałam tak głośno, że myślałam, że dostanę zawału serca, ale nikt mnie nie słyszał. Nikt nie dostrzegł latającego cygara, a ono zniknęło tak szybko, jak się pojawiło. Kiedy sięgam pamięcią do tego wydarzenia, myślę, że zobaczyłam UFO. To nie był pierwszy raz. I na pewno nie ostatni. Nie mam pojęcia, co tu robiło i dlaczego tylko ja je zauważyłam. Na pewno przyleciało, żeby nas sprawdzić, a ja chciałabym mieć w tym temacie więcej wiedzy i świadomości, żebym mogła się z nimi porozumieć o tym pamiętać. Wydaje się, że takie rzeczy częściej przydarzają się dzieciom niż dorosłym. Nie wiem dlaczego, ale pewnie dlatego, że widzimy tylko to, na co sobie pozwalamy, żeby zobaczyć. W jaki więc sposób determinujemy to, na co sobie pozwalamy, żeby zobaczyć? Kilka lat później, kiedy miałam 13 lat czytałam książkę o zaawansowanej świadomości i inteligencji istot pozaziemskich, miesiącami trzymałam otwarte okiennice, mając nadzieję, że te istoty przylecą i zabiorą mnie z tego świata pełnego smutku i zwyczajności. Nigdy nie przylecieli – a przynajmniej nic mi o tym nie wiadomo.

Wesoła Stara Anglia

Kiedy miałam 8 lat, mój biologiczny ojciec wpadł na super pomysł zabrania mnie do Londynu, żebym zobaczyła jego matkę i siostry. Przynajmniej ja tak myślę, że o to mu chodziło. Albo sam wpadł na ten pomysł albo zmusiła go moja mama. Do tego czasu nigdy nie widziałam rodziny mojego biologicznego ojca.

On sam nie był w Anglii od czasu, kiedy ją opuścił – w połowie lat 70. Niewiele go łączyło z tym miejscem. Otwarcie mówił o tym, że nie lubi angielskiej pogody i że jest przerażony kulturą, w której się wychował. Tak więc po prawie 20 latach powrócił tam z małą córeczką.

Zatrzymaliśmy się u mojej nowej babci w Hendon, w północnym Londynie. Babcia mieszkała w mieszkaniu komunalnym, na osiedlu złożonym z identycznych cztero- i pięciopiętrowych budynków z czerwonej cegły. Nie przesadzę, jeśli powiem, że te bloki były bardzo depresyjne, zużyte, dotknięte przez pogodę i zamieszkałe przez grupę bardzo nieszczęśliwych ludzi.

Całe dnie spędzałam na tańcach w wąskim przedpokoju mieszkania mojej babci, biegając po schodach w górę i w dół, obliczając, ile stopni mogę przeskoczyć na raz oraz na cementowym placu, który wyglądał jak miejsce, gdzie wszyscy porzucili swoją radość i nadzieję. Miałam 8 lat i prawdziwie niespożyte ilości energii, mogłam wymyślić nawet sto praktycznych zabaw z drutem kolczastym. W okolicy bloku mojej babci była stara normańska świątynia z cmentarzem z XI wieku. Jako, że urodziłam się w Kalifornii, nigdy w swoim życiu nie widziałam niczego tak starego. To było piękne, ale ani trochę mi się to nie podobało.

Posiadało niewidoczne siły, które się tam poruszały, widziałam je, czułam je, ale nie wiedziałam, czego ode mnie chcą i jak się przy nich zachować. Były tam byty, które pojawiały się wszędzie, dosłownie wszędzie. To była moja pierwsza wizyta w tak starym miejscu. Ze zrozumiałych powodów – więcej duchów jest na Starym Kontynencie niż na Nowym.

Kiedy szliśmy z ojcem na zakupy i przechodziliśmy obok cmentarza, zawsze patrzyłam na niego z największą uwagą i niepokojem, ale tylko przymrużonym okiem. Wiedziałam, że jeśli będę się wpatrywać w to miejsce, duchy będą mnie ścigać i będą starały się dotknąć mnie ich szepczącymi palcami. To tak, jakby wiedzieć, że coś tam jest, a tym samym nie wiedzieć, ale wiedzieć na tyle, że się to czuje. Czy to rozumiecie?

Cały cmentarz był usiany nagrobkami, które poustawiane były w różnych kierunkach. Dla mnie wyglądało to tak, jakby jakiś olbrzym bawił się kamykami i porozrzucał je bez ładu. Na nagrobkach rósł zielony i złoty porost, a napisy były tak stare, że nie można ich było przeczytać.

Mój ojciec lubił od czasu do czasu przejść się tamtędy, bo co by nie powiedzieć, był to piękny cmentarz. Wyglądał poniekąd jak oaza wśród szarych budynków i zimnych, mokrych ulic londyńskich przedmieści. Kiedy mój ojciec przechadzał się między nagrobkami, stałam tyłem do drzewa z wytrzeszczonymi oczami, czekając na moment, kiedy będziemy mogli już sobie pójść. Kiedy nie stałam tyłem do drzewa, czułam, jakby za mną stały jakieś osoby. Jednak, kiedy odwracałam się, nikogo za mną nie było. Niewidzialni ludzie klepali mnie po ramieniu i szeptali do ucha, kreując nieustające źródło nieokreślonej paranoi.

Nie trwało to długo, kiedy zaczęłam odmawiać pojawiania się w okolicy tego kościoła i cmentarza. Nawet wymyśliliśmy inną trasę chodzenia na zakupy, bo moje protesty przybrały na sile i nie chciałam się tam nawet pokazywać.

Mój biedny ojciec mógł oszczędzić sobie wiele bólów głowy, gdyby wiedział, jak rozmawiać ze mną o duchach. Oboje moglibyśmy się pozbyć wielu kłopotów, gdyby wiedział, jak dyskutować ze mną i zrozumieć rzeczywistość mojego odczuwania.

Jak się później okazało, kiedy mój ojciec był małym chłopcem, odczuwał zupełnie tak jak ja. Jako dziecko widział byty bez ciała, ale nikt go nie nauczył, jak wykorzystywać ten dar oraz jak rozmawiać i postępować z duchami. Dojrzewał i uodpornił się na to wszystko, przez to, że ludzie nie mieli w sobie otwartości, żeby zobaczyć do czego ma dostęp. Ludzie nie wierzyli mu, kiedy mówił co widzi, więc sam zaczął w to wątpić. Zatem kiedy pojawiłam się w jego świecie, drzwi do wiedzy o tych rzeczach były dla niego już zamknięte, a klucz schowany w miejscu, o którym wszyscy zapomnieli.

Duchy Sprawiają, że Źle Się Czuję

Mój pierwszy pobyt w Londynie pokazał mi wiele nowych rzeczy. Poznałam żydowską rodzinę mojego ojca, jadłam krojoną wątróbkę (pierwszy i ostatni raz) i celebrowałam pierwsze żydowskie święto w moim życiu. Po uroczystej kolacji wraz z kuzynami poszliśmy bawić się na ulicy i bardzo mi się to podobało.

Mój ojciec był wychowany w tradycyjnej żydowskiej rodzinie, ale porzucił judaizm, kiedy podróżował po Ameryce. Nie miałam pojęcia, że mój ojciec potrafi mówić i czytać po hebrajsku.

Podczas pobytu w Londynie mój ojciec pokazał mi także kilka historycznych miejsc w mieście. Pierwszym naszym przystankiem była historyczna londyńska Tower. Kiedy opuściłam mieszkanie mojej babci, żeby wziąć udział w przygodzie zwiedzania miasta, nie miałam pojęcia co mnie czeka i prawdę mówiąc moje wspomnienia z wizyty w londyńskim Tower nie należą do najprzyjemniejszych. Jako dziecko nie bardzo interesowałam się historycznymi budynkami w mieście. Poszłam tam, bo to był kolejny dzień spędzany z tatą. Po prostu przyłączyłam się do niego podczas tego wypadu do miasta.

Dla tych, którzy nie wiedzą – londyńska Tower była więzieniem, gdzie odbywały się tortury i kaźnie niektórych członków rodziny królewskiej. Gdy ktoś został wysłany do Twierdzy oznaczało, że jest człowiekiem znanym i oznaczało też, że zostałeś pogrzebany. Cóż, nie wybrałabym takiego miejsca na zwiedzanie w słoneczne popołudnie w Londynie, ale tam właśnie poszliśmy. Na zewnątrz budynku i na ścieżkach było tak wielu turystów, że trudno nam było zobaczyć coś niezwykłego. Dopiero, kiedy weszliśmy do samej Twierdzy, jej ściany opowiedziały nam wiele historii. Mój ojciec powiedział, że kiedy był małym chłopcem, jego przyjaciel był Opiekunem Kruków na Wieżach. Kruk jest symbolem angielskiej monarchii. Kiedy taki kruk umierał lub odlatywał, znaczyło to, że monarchia chyli się ku upadkowi.

Jak się domyślacie, opiekowanie się tymi ptakami było jedną z najważniejszych rzeczy w państwie. Mój tato chodził odwiedzać swojego małego przyjaciela, który mieszkał w Twierdzy. Działo się to zanim została ona atrakcją turystyczną. Mój ojciec był wpuszczany przez wrota fortecy i szedł całkiem sam do miejsca, gdzie jego kolega mieszkał z ojcem. Musiał przejść przez most, gdzie w XIX wieku więźniowie byli wieszani i topieni w klatkach. Ojciec opowiadał, że przebiegał szybko przez cały most, bo było to dla niego straszne miejsce. Jako chłopiec widział wiele duchów w Twierdzy, ale całkowicie o tym zapomniał, a ta wiedza mogłaby być bardzo pomocna, kiedy po raz pierwszy (w tym życiu) odwiedzałam wraz z nim londyńską Tower. Chodziliśmy po wielu kamiennych pomieszczeniach, aż dotarliśmy do jednego, które okazało się dla mnie bardzo trudne. Pojawiliśmy się w ciemnym, długim holu ze zbrojami wystawionymi po obu stronach. Nawet przed wejściem do holu miałam odczucie, że są tam duchy. W miarę, jak się do niego zbliżaliśmy, czułam się coraz bardziej nerwowo i zaczęło mi się robić niedobrze.

Gdybym mogła, poprosiłabym, żebyśmy natychmiast stamtąd poszli, ale nie miałam takiej możliwości. Moje usta oniemiały, a ja sama byłam tam energetycznie wciągana. Z szeroko otwartymi oczami zostałam zaprowadzona do ciemnego miejsca, gdzie nie było nadziei na przeżycie. Kiedy patrzę wstecz, wiem, że miałam świadomość myśli i odczuć duchów osób, które tam umarły. Mimo to, że ciała tych skazańców dawno odeszły, duchy wciąż mieszkały w tych korytarzach i pomieszczeniach. Całe miejsce było wypełnione bytami, które albo były w stanie totalnej żałoby albo strachu przed śmiercią, której doznały setki lat wcześniej. Jeśli jest to dla was szokujące, wyobraźcie sobie mnie ośmiolatkę w trzeszczących małych bucikach. Kiedy weszliśmy na korytarz, pamiętam jak pomyślałam „to nie jest dobry pomysł". Jednak zanim ostrzegłam mojego ojca, że jestem niebezpiecznie bliska posiusiania się ze strachu, dokonało się. Moje ciało straciło kontrolę. Nie mogłam się utrzymać na własnych nogach. Zaczęłam wymiotować, a mój ojciec pociągnął mnie dalej tym korytarzem. Starał się znaleźć miejsce, gdzie mógłby mnie oczyścić, a ja wymiotowałam jeszcze bardziej. Zanim znaleźliśmy wyjście po drugiej stronie Twierdzy, zwymiotowałam na kamienną podłogę i naznaczyłam kilka zbroi, którym udało się być w pobliżu. Zszokowana i przestraszona zostałam wywleczona przez mojego ojca z tego budynku tak szybko, jak tylko zdołał. Kiedy mój ojciec niósł mnie na rękach do wyjścia, prawie umierałam powtarzając „nie chcę tu być...". Pamiętam, że spojrzałam mu przez ramię na kruki, które były na trawniku przed Twierdzą. Patrząc na tę scenę, zastanawiałam się, jak ludzie mogą żyć w takim smutku. To miejsce było nim przepełnione i przytłaczało mnie. Jak ci ludzie mogli się tam dobrze bawić? Nie widzieli tych wszystkich morderstw i smutku? Dlaczego nikt z tym nic nie zrobił?

Tego rodzaju reakcje mojego brzucha były mi znane. Kiedy byłam starsza, umiałam to powstrzymywać, ale i tak objawiało się to jako konflikty psychologiczne i złe zachowanie.

Ta okrutna przemoc i makabryczna natura śmierci w londyńskiej Tower wywołały moje wymioty. Nie byłam chora, odczuwałam to złe samopoczucie, które skrywało się w tym miejscu. Z jakiegoś powodu, nie za bardzo reagując na to, co spotkało mnie w Tower, kilka dni później ojciec zabrał mnie do opactwa Westminster Abbey. Pochowano tam ponad 3000 ludzi. Wśród nich większość królów i królowych angielskich, którzy panowali od XI wieku, wielu polityków, poetów oraz najbardziej znanych i respektowanych myślicieli. Bardzo ciężko jest objaśnić ogrom Westminster Abbey. Wyjaśnię krótko – jest przeogromne! Jest tak wielkie, że ludzie, którzy tam spacerują wyglądają jak mrówki, jest tak wielkie, że podwójne czerwone londyńskie autobusy wyglądają jak pudełka zapałek.

W miarę jak tylko zaczęliśmy wchodzić na schodki prowadzące do Opactwa, poczułam nudności. Powiedziałam sobie: „ble... tylko nie powtórka z tamtego". Cmentarz dla 3000 osób może być niezwykły, ale zgromadzenie wszystkich tych grobów w jednej solidnej strukturze miało ciężką energię – chociażby sama energia ważności tych ludzi, którzy byli tam pochowani. Gdybyście dodali do tego całą wagę tryliona kilogramów wszystkich kamieni, z których zrobione były nagrobki – wiedzielibyście jak się czułam. Uczucie strachu i nudności nasiliły się, gdy zbliżyłam się do grobu Marii, królowej Szkocji.

Zrobiłam się całkiem zielona i pociągnęłam tatę za rękaw, żeby mu to uświadomić. W następnej chwili targnęły mną wymioty. No proszę! Znowu. Nie mogłam się ruszyć ani kroku dalej. Podejrzewam, że w Westminster moja reakcja spowodowana była strasznymi i okrutnymi mękami, jakich doświadczali ludzie tam zakatowani. Maria, królowa Szkocji poddana była egzekucji, możecie sobie wyobrazić, jak się czuła, prawda? Cóż, ja też mogę i to wystarczyło, że poczułam się tak fatalnie. Opuściłam Anglię bogatsza w doświadczenia i kilka kilogramów lżejsza.

Nawiedzona Szafa

Czas płynął dalej, a ja dorastałam zupełnie tak, jak wszystkie inne dzieci. Pewnego dnia, Gary przyniósł do domu drewnianą szafę i postawił ją w gościnnym pokoju. Gary zajmował się antykami i od czasu do czasu przynosił do domu rzeczy, które nie sprzedawały się w sklepie, żeby je naprawić albo żeby zrobić miejsce dla innych, nowych. To było mniej więcej w tym czasie, kiedy moi rodzice zaczęli zdawać sobie sprawę z moich relacji z duchami. Ta szafa to nie było nic nadzwyczajnego. Gary jako dealer antyków posiadał szalenie eklektyczny gust i był on źródłem żartów moich i moich braci.

Nazywaliśmy nasz dom „muzeum Taty". Gary uśmiechał się skromnie i przypominał, że te dziwne i krzykliwe przedmioty będą kiedyś częścią naszego spadku i będą wszystkim, co kiedyś odziedziczymy. Do tego czasu nie komentowałam żadnych rzeczy, które przynosił, bo żadne z nich nie miały dla mnie znaczenia. Nie było potrzeby rozmawiania o nich tak, jak nie ma potrzeby dyskusji o tym, że niebo jest niebieskie. Jest niebieskie i wszyscy o tym wiedzą. Tak myślałam o duchach – istnieją – i wszyscy o tym wiedzą.

A działo się to w tym czasie, kiedy zaczynałam o tym mówić częściej i głośniej, bo coraz trudniej mi było zinterpretować nakładające się na siebie światy: duchów i „normalny". Duchy były obecne, a ja zamiast bawić się tą świadomością, zaczęłam je wypierać. Bez zastanawiania się nad tym, zaczęłam kupować punkty widzenia innych ludzi, ich uprzedzenia i zaczęłam tego nie lubić. I na dodatek zaczęłam się tego bać. W momencie, kiedy zobaczyłam tę szafę – nie spodobała mi się. Nie tak, żebym się jej przestraszyła, ale nie chciałam, żeby znajdowała się w tym samym pomieszczeniu, co ja. Czułam się z tym bardzo dziwnie. Podchodziłam do niej, patrzyłam z różnych stron i tak jak kot zbliżałam się do niej powoli, jakby było w niej coś, co mnie wystraszy. Moja sypialnia znajdowała się po jednej stronie pokoju gościnnego, a pokój moich rodziców i kuchnia po drugiej stronie. Kiedy chciałam przejść z jednego końca domu na drugi, musiałam przejść obok tej szafy. Nie było żadnej opcji przechodzenia obok niej wolno, przebiegałam, jakby mnie coś goniło. Nigdy nie zastanawiałam się, dlaczego ta szafa tak mnie niepokoi, do czasu, kiedy Gary zapytał, dlaczego ciągle na nią narzekam. Wtedy wypaliłam: „bo siedzi na niej jakaś szalona kobieta". Tak naprawdę sama się do tego nie przyznałam, aż do czasu, kiedy powiedziałam o tym na głos. Kobieta, która siedziała na tej szafie nie była może do końca szalona, ale rozhisteryzowana. Cały czas pytała, gdzie jest jej ślubna sukienka. Kiedy Gary zapytał mnie zwyczajnie, kto to jest – nie wiedziałam, jak odpowiedzieć na to pytanie. Zasugerował po prostu, żebym zapytała tę kobietę kim jest. I zrobiłam to. Odpowiedź usłyszałam tak, jakbym miała radioodbiornik w głowie. Miała na imię Jenny.

Z tą wiedzą, Gary zadzwonił do kobiety, od której kupił tę szafę, żeby dowiedzieć się więcej. Kobieta powiedziała, że szafa należała do jej ciotki Jessie, a ta trzymała swoją suknię ślubną właśnie w szafce. To było genialne! Nie było to dokładnie imię, które usłyszałam, ale było bardzo podobne. Gary zapytał, czy ta kobieta ma jeszcze tę suknię ślubną, albo wie co się z nią stało – nie wspominając całkowicie kobiecie o swojej wiedzy na temat sukni ślubnej z szafy. Wydawało się, że ta kobieta nawet nie zwróciła na to uwagi. Powiedziała tylko, że myśli, że suknię ma córka Jessie. Z chwilą, kiedy Gary skończył rozmawiać przez telefon, powiedział mi, żeby przekazać Jessie, że suknia jest u jej córki, a ja się zgodziłam. Zanim jeszcze sformułowałam myśli, Jessie już odeszła. Otrzymała tę informację poniekąd przed tym, zanim byłam w stanie jej ją przekazać nawet nie słownie, ale w myślach. To był pierwszy raz, kiedy zdałam sobie sprawę, jak szybko można komunikować się z bytami. Zamiast prowadzenia całej rozmowy, Jessie po prostu otrzymała cały obraz, tak szybko, jak tylko go przetworzyłam. Słyszała moje myśli, zanim nawet zdałam sobie z tego sprawę. Myślenie, to powolny proces, wiedzenie i otrzymywanie są procesami szybszymi niż światło. Z pomocą Garego uwolniłam pierwszego ducha, tylko go słuchając i przekazując prostą informację, odpowiedziałam na jego pytanie.

Nie mam pojęcia, dlaczego Jessie nie wiedziała, gdzie jest jej suknia ślubna i dlaczego wykonaliśmy wraz z Garym całą tę pracę, żeby się tego dowiedzieć. Możecie myśleć, że byty wiedzą wszystko albo mają dostęp do szerszej wiedzy niż my po tej stronie, ale tak się naprawdę nie dzieje – i to było moje doświadczenie w tym zakresie. Tylko dlatego, że ktoś nie ma ciała wcale nie znaczy, że może wiedzieć więcej od nas – po tej stronie. Duchy mogą być zagubione i zdezorientowane zupełnie tak jak ludzie.

Wielkie dzięki dla Garego i dziękuję za tę możliwość, bo byłam całkiem blisko szaleństwa i histerii związanej z szafą. Szczęściem było również to, że Jessie i ja skrzyżowałyśmy nasze ścieżki i pomogłyśmy sobie nawzajem. Ja pomogłam jej dowiedzieć się, że nie musi siedzieć już na szafie przez całą wieczność i zastanawiać się, gdzie podziała się jej ślubna sukienka, a ona pomogła mi zrozumieć, że naprawdę widzę i słyszę duchy, chociaż zaprzeczałam temu przez jeszcze następnych kilka lat. Krótko po tym oczyszczeniu (i odejściu Jessie) Gary sprzedał szafę za dobre pieniądze, co przedtem było niemożliwe – przez ponad półtora roku. Kto chce kupić cokolwiek, nieważne jak piękne, z szalonym duchem, który na tym siedzi? Ludzie nie widzieli Jessie, ale czuli, że jest coś, co zniechęca ich przed kupieniem tej szafki, nawet jeśli nie wiedzieli, co to tak dokładnie jest.

Narkotyki i Alkohol

Kiedy się urodziłam, mój starszy brat Adam miał 11 lat. W wieku 12 lat zażywał już ciężkich narkotyków. Adam praktycznie uciekł z domu w wieku 12 lat i wychował się na ulicach Los Angeles. Nie dorastałam z nim. Nasze relacje ograniczały się do sporadycznych spotkań. Był dla mnie bardziej odległym kuzynem niż bratem. Kiedy się pojawiał w domu na krótko, był uszczypliwy. Bardzo go kochałam, ale on nie mógł się ustatkować, chociaż wszyscy chcieli mu pomóc. Jako nastolatek Adam bywał na odwyku, w domu opieki dla nieletnich i w końcu w więzieniu. Dlaczego to wybrał? Oprócz tego, że to był jego wybór, myślę, że był nawiedzany przez duchy i demony, które nigdy go nie opuszczały i przyczyniały się do brania narkotyków. Im więcej brał, tym więcej bytów wpuszczał do siebie. Wielu bardzo świadomych ludzi zażywa narkotyki i pije alkohol, żeby zablokować dostęp do tego, co widzą i wiedzą, jako że narkotyki skutecznie eliminują głosy, które słyszą w swojej głowie albo pozawerbalną komunikację, jaką otrzymują od innych ludzi. Starają się zagłuszyć odczuwanie, które naturalnie posiadają.

Również próbowałam narkotyków, kiedy byłam nastolatką, przede wszystkim z ciekawości i dlatego, aby zablokować wiedzę i odczuwanie ze świata duchów. To oczywiście się nie udało i tylko pogorszyło sprawę. Nie możesz porzucić talentu lub zdolności, stając się tylko tego nieświadomym. Zamykając i zacieśniając tę świadomość, kreuje się tylko iluzję tego, że już się jej nie posiada. Wydaje się czasem, że to działa, ale w rezultacie w końcu wybuchnie i ukaże się czasem w bardzo dziwny sposób. Dla mnie chowanie tej świadomości zaowocowało ciężkimi emocjami i złością. Współdzieliłam z Adamem pokój, kiedy pojawiał się sporadycznie na łonie rodziny, po długich okresach nieobecności, które zdawały się być latami. Nocami, kiedy spaliśmy w tym samym pokoju, całe pomieszczenie wypełnione było złymi snami, demonami i terrorem. Budziłam się spocona i widziałam mojego wychudzonego brata leżącego na łóżku obok. W czasach, kiedy byliśmy młodsi, miał na plecach wytatuowanego olbrzymiego demonicznego potwora ze skrzydłami jak smok i głową jak zły duch – podobnie do potworów z okładek albumów Iron Maiden. Teraz przykrył ten tatuaż czymś bardziej estetycznym – japońskim motywem. Ale przedtem zjawa z tatuażu gapiła się na mnie i unieruchamiała swoimi siłami. Mogę sobie tylko wyobrazić, jak Adam czuł się z tymi wszystkimi duchami (tak naprawdę wiem, jak się czuł – potwornie). Adam nigdy nie prosił o pomoc i mogliśmy tylko patrzeć, jak mój kochany brat się stacza i znika. Został zastąpiony przez zły, okrutny, przeklęty byt, który wiódł go na samo dno, którego z kolei ja nie mam nawet zamiaru sobie wyobrażać. Dla mnie Adam był pierwszym doświadczeniem spotkania się z okrutnymi, ciemnymi siłami. To jednak nie zabiło mojej miłości do niego, ani nie pozwalało mi go oceniać.

Doświadczenie z moim bratem dostarczyło mi możliwości zobaczenia, co alkohol i narkotyki mogą zrobić z człowiekiem i co w związku z tym dodatkowo się pojawia. Na moment pojawiał się Adam, a za chwilę inny byt patrzył przez jego oczy. Widziałam tę różnicę, ale nie jestem pewna, czy on miał tego świadomość. Podejrzewam, że zostawił naszą rodzinę, żebyśmy nie byli dotknięci przez jego demony. Pozwolił im zawładnąć swoim życiem i chyba był z tego zadowolony, w przeciwnym razie nie wybrałby tego. Demon to duch, który generalnie rzecz ujmując jest opisany, jako zły byt; jednakże, słowo demon (oryginalnie daemon) wywodzi się z łaciny i greki. Tam demon oznaczał dobrego lub złego ducha, ducha neutralnego lub zwyczajnie – zjawę. Negatywnego znaczenia nadało temu chrześcijaństwo. Demony pojawiają się w kontekście ludzi i bogów w greckiej mitologii. Były to często duchy umarłych herosów. Jak to zwykle bywa – prawdziwe znaczenie tego słowa zostało zagubione i przeinaczone z biegiem czasu.

Myślę, że ludzie dzięki demonom usprawiedliwiają swoje wybory i nieświadomość. Oczywiście duch może wpłynąć na ludzi, ale to, co ludzie robią – to tylko ich wybór. Kiedy mówią, że są opętani przez ducha albo, że mają demona, to tylko i wyłącznie po to, żeby zaprzeć się odpowiedzialności za własne czyny. Tak więc, używanie narkotyków i picie alkoholu może spowodować, że przy człowieku pojawią się byty, które chcą być wśród energii narkotyków i alkoholu. Może to być duch osoby, która przedawkowała lub była alkoholikiem. Nie mają już ciała, ale mają ciągle potrzebę brania narkotyków i picia alkoholu. W ten sposób szukają i znajdują ciało, które im to dostarcza.

Opowiadam tę historię, żeby pokazać co narkotyki i alkohol mogą zrobić człowiekowi. Używając ich otwiera się drogę do nieświadomych duchów i takich, które są przeciwko świadomości. Kiedy mówię narkotyki, mam również na myśli nadmiar lekarstw.

Kiedy mówię o alkoholu, mam na myśli takie ilości, które doprowadzają do zaniku świadomości. Zawsze, kiedy bierzesz narkotyki lub nadużywasz alkoholu zamykasz kanały, poprzez które wszechświat może cię poprowadzić i pokazać inne możliwości. Do tego dochodzą nieświadome i walczące przeciw świadomości duchy, które wcale ci dobrze nie życzą. Dlatego też niektórzy ludzie wydają się dziwni albo mają jakby cienie, które stoją za nimi. Taka osoba nie jest dziwna, to byty kreują taką aurę i wibrację.

Jeśli znacie osobę, która bierze narkotyki lub pije alkohol i nie przestaje, choćby nie wiadomo co, istnieje wszelkie prawdopodobieństwo, że są tam poprzyczepiane byty, które chcą tych narkotyków lub alkoholu. To nie ta osoba tego pragnie – to byt. Duch cały czas dostarcza informacji do ciała, żeby zażyć narkotyk albo się napić. Jeśli się pozbędzie ducha, osoba ta będzie miała dużo większe możliwości pozbycia się problemu narkotykowego lub alkoholowego. Takie duchy mogą być odprowadzone, ale osoby z nimi związane z łatwością mogą je przywołać lub przyciągnąć inne duchy, żeby dokonywać nieświadomych wyborów. Niektórzy ludzie lubią swoje nieświadome byty – czują się dobrze i wygodnie, kiedy one są w pobliżu. Kiedy je wyczyścisz, taka osoba może czuć się nieswojo lub samotnie. Wybór jest wyborem. Możesz myśleć, że taka osoba będzie się czuła lepiej bez narkotyków, alkoholu i duchów, ale ta osoba może się po prostu na to nie zgodzić.

Rytuały i Obrzędy

Jaki byłby świat, gdybyśmy byli tak wyjątkowi i wspaniali, jak tylko chcemy? I gdyby powiedziano nam, że zawsze mamy rację czy też, że nie mamy racji?

Natomiast bylibyśmy wspanialsi niż nawet w najskrytszych snach? Często zastanawiałam się nad światem nastolatków. Mają klucz do dziecinności i mają moc zbliżającej się dorosłości. Są pełni dziecięcej energii i zaczynają doświadczać praw, które rządzą tym światem.

Niektórzy z nich mają się dobrze i radośnie przez to przechodzą, podczas gdy inni mają z tym duże kłopoty. Wierzę, że nastolatki to bardzo silni ludzie na tej planecie. Nastolatek, który jest wzmacniany/utwierdzany w swojej mocy, dysponuje wielką siłą. Nie do końca jeszcze dali się ponieść ograniczeniom tego świata. Nastolatek, który nie jest wzmacniany/utwierdzany w swojej mocy jest również wielką siłą, jednakże może być to siła destruktywna i mniej przyjemna dla otoczenia. Kiedy sięgniemy do badań na temat tego, co ludzie pamiętają ze swoich nastoletnich lat, zobaczymy, że kryje się pod tym wiele różnych odpowiedzi. Dla mnie, bycie nastolatkiem było bliskie życia w piekle. Gdybym mogła pozbyć się i przeskoczyć ten okres w moim życiu – z wielką chęcią bym to zrobiła.

Szkoła średnia była dla mnie torturą i okropnymi nudami dla mojego umysłu. Nie uczyli mnie po prostu rzeczy, które były dla mnie interesujące, albo miały dla mnie znaczenie.

Kiedy rozpoczęłam moje „nastolatkowanie" wydarzyły się dziwne rzeczy. Kiedy byłam 13-14-latką zaczęłam mieć coraz więcej trudności z życiem, jak to wszystkie nastolatki. Zaczęłam doświadczać dziwnych i mocnych uczuć, których nie rozumiałam i nie wiedziałam, skąd się biorą. Coraz bardziej zaczynałam rozumieć, jak bardzo jestem różna od innych. Spędziłam następne 10 lat starając się dopasować do innych, nawet nie mając świadomości tego, co robię.

Gary ciągle miał cotygodniowe spotkania channelingowe, na których gromadzili się w naszym domu znajomi i przez jego usta rozmawiał Rasputin, a ja nawet tam nie rozpowiadałam, że widzę i słyszę duchy. Tym zajmowali się moi rodzice. Tak naprawdę nie miałam żadnych opinii na temat tego, co robili i czym się zajmowali, ale szybko byłam wciągana w tę rzeczywistość i w to, co myślą o mnie moi przyjaciele. Chciałam tylko być lubiana i być cool.

Nie rozpowiadałam moim znajomym o tym, co robi Gary, nie chciałam o tym z nikim rozmawiać. Nie chciałam znosić wszystkich ocen i obaw, które mieli inni ludzie o tym, co robią moi rodzice. A czy jest ktoś, kto się nie wstydzi swoich rodziców, kiedy jest nastolatkiem? Zrobiłam wszystko, co mogłam, żeby odciąć moje ponadnaturalne postrzeganie świata i w wieku 15 lat myślałam, że żyję w świecie, jak każdy inny. Jedynym problemem było pojawienie się większej agresji i depresji w moim życiu. Moi rodzice pomagali mi, jak tylko mogli, na tyle, na ile im pozwoliłam, a że byłam bardzo uparta – nie chciałam ich słuchać ani otrzymywać od nich żadnej pomocy. Kiedy patrzę wstecz ze świadomością, wiem, że cała ta złość i depresja powodowane były zaprzeczaniem tego, że słyszę głosy ludzi, którzy odeszli z tego świata. Walka przeciwko odczuwaniu spowodowała, że moje uczucia się nasiliły. Łatwiej było mi wytłumaczyć, że jestem wściekła niż że rozmawiam ze zmarłymi. Kłamałam sama sobie na temat tego, czym byłam i co było moją rzeczywistością. Nie wiedziałam, w jaki sposób zgrać moje zdolności ze światem, w którym żyłam. Nie chciałam być dziwakiem. Będąc nastolatką zrozumiałam, że cały świat nie do końca akceptował osoby, które rozmawiają z duchami. Kiedy opowiadałam ludziom o tym, że słyszę głosy z zaświatów, byłam tylko okropnie oceniana, jakbym żyła w innych czasach lub w innym świecie, w którym można mnie skrzywdzić lub prześladować jak czarownicę.

W szkole średniej uczysz się algebry, a nie przedmiotu ze zrozumienia paranormalnych energii i komunikacji z bytami 101. Ten drugi przedmiot byłby dużo bardziej pomocny w tym przypadku. Kto chce znać twierdzenie Pitagorasa, kiedy masz na tym świecie głowę pełną spraw niedokończonych przez zmarłych? Tak naprawdę chciałabym studiować w Hogwarts. Jedynymi zajęciami, jakie lubiłam, były zajęcia ze sztuki. Byłam tak wściekła i niezadowolona będąc nastolatką, że myślałam, że nienawidzę wszystkich, co powodowało, że przyjaciele byli bardzo daleko na mojej liście priorytetów.

Co było dość dziwne, dwoje z moich najlepszych przyjaciół było nawróconymi chrześcijanami, ironia losu, prawda? Byli bardzo prorodzinni i zaangażowani w sprawy kościoła, ale z jakichś względów to nigdy nie było przedmiotem naszych sporów. Tak naprawdę nie miało to znaczenia, z jakich domów pochodziliśmy, a przyjaźń z nimi była dla mnie przyjemnością. Wszyscy byliśmy maniakami sztuki i jednakowo byliśmy dziwakami, wkurzonymi introwertycznymi nastolatkami. Rzadko kiedy widywałam ich rodziców, co było dziwne, bo każdą wolną chwilę spędzaliśmy razem. Nigdy nie chodziliśmy na żadne szkolne imprezy, ja nawet nie poszłam na uroczystość zakończenia szkoły. Nie lubiłam przebywać z większością ludzi, a szczególnie, kiedy były to duże grupy. Okropnie sama siebie za to oceniałam. Nazwanie mnie antysocjalną było najłaskawszym stwierdzeniem. Zamknęłam się całkiem w sobie, wstrzymałam oddech i miałam nadzieję, że życie upłynie sobie beze mnie i wreszcie się skończy. Mój brat Sky i ja od drugiej klasy szkoły podstawowej chodziliśmy do tej samej klasy, ale 9 lat późnej Sky przychodził na zajęcia coraz rzadziej i rzadziej. Aż pewnego dnia całkowicie rzucił szkołę. Bardzo chciałam zrobić to, co on, ale dla mnie nie było to takie łatwe.

Sky mieszkał z jego biologiczną mamą, która pozwalała mu robić prawie wszystko, na co miał ochotę. Natomiast ja mieszkałam z moją mamą i Garym i mama nie chciała słyszeć o tym, że rzucę szkołę. Chodziłam więc do szkoły, bojąc się gniewu mojej mamy. Żeby skończyć szkołę, odpłynęłam daleko z moim umysłem. Stawałam się coraz mniej i mniej obecna, żeby (przepraszam za dramatyzm słów) uniknąć agonii robienia czegoś, co nie miało zupełnie związku ze mną jako człowiekiem; to było jakby zrobienie mnie robotem, żeby odpowiadać na pytania tak, jak wszyscy inni ludzie.

Moje typowe zachowanie wahało się od paraliżujących momentów wszechogarniającego smutku do szalonych i maniakalnych wybuchów radości kończących się wybuchem agresji i złości. Gdyby zajął się mną psychiatra, na pewno zdefiniowałby rozdwojenie jaźni, to było nie do opowiedzenia i dopiero teraz to rozumiem. Dla żartu odwoływałam się do Wróżki Krystyny. Kiedy ktoś wokół mnie ukrywał jakieś uczucie, złość lub smutek, przeżywałam to za nich! Czyż nie było to miłe z mojej strony? W rezultacie wydawałam się całkowicie pokręcona. Cały czas myślałam, że coś jest ze mną nie tak, bo nie mogłam kontrolować „moich" uczuć. I zrobiłam to, co każdy inny wrażliwy nastolatek by zrobił, żeby zabić w głowie głosy nieżyjących – wciągnęłam się w narkotyki. Te na krótką chwilę wyłączyły głosy i sprawiły, że cała ciężkość była lżejsza. Narkotyki pokazały mi świat, gdzie możliwa jest magia. Nie sugeruję ani nie namawiam do brania narkotyków jako odpowiedzi na cokolwiek. Tak naprawdę świadomość jest „hajem". Narkotyki sprawiają, że masz krótki odlot i znów lądujesz w miejscu, gdzie byłeś wcześniej. Również przyczyniają się do tego, że osoba je biorąca ściąga więcej bytów, dokładnie tak, jak ja zaczęłam to robić. Narkotyki wydają się fajne, ale szkoda, którą wywołują, kiedy jest się na haju, nie jest tego warta.

Zakończyłam szkołę średnią jak przez mgłę i po wakacjach przeniosłam się do Nowego Jorku, żeby rozpocząć szkołę sztuki w Brooklinie. Wyobraźcie sobie 17-letnie medium wypuszczone na ulice Nowego Jorku. Nie myślcie, że spędziłam chociaż chwilę z mojego pobytu w Nowym Jorku nie będąc na narkotykach, to cud, że znajdowałam drogę do domu. Wydawało się, że nie mogę znieść ciężaru całego świata, który mnie przytłaczał. Wolałam uciec w narkotyczny sen, gdzie wszystko, jak mi się wydawało, było lepsze i gdzie było lepiej. Trochę to dziwne, ale to właśnie wtedy zaczęłam się otwierać na nowe możliwości i pracę z Garym.

Access (Dostęp)

Pewnego dnia w 1991 roku, kiedy miałam prawie 11 lat, do Garego zadzwonił klient, który mieszkał w Nowym Jorku. Zapytał Garego, czy nie mógłby przyjechać do niego i poprowadzić channelingu podczas masażu. Gary zapytał „ile mi zapłacisz"? i „czy będę musiał ciebie dotykać"? Nie mam pojęcia, ile to kosztowało, ale klient zapewnił, że Gary będzie robił channeling i będzie mówił jego terapeucie, co robić podczas masażu. Gary zgodził się i poleciał do Nowego Jorku. Podczas tej sesji pojawiły się pierwsze narzędzia Access Consciousness (dostęp do świadomości). Access stał się dla Garego pracą, a mi podarował olbrzymią przestrzeń do tego, kim teraz jestem.

W 1992 roku podczas gorącego letniego wieczoru, w studiu za domem w Santa Barbara, Gary po raz pierwszy channelingował zajęcia Access. Uczestniczyły w nich 4 osoby. Materiał pochodzący z tych warsztatów stał się fundamentalnym narzędziem dla Access.

Po zakończeniu channelingu Gary słuchał nagrań z tego wydarzenia, żeby nauczyć się procesów i informacji. Wyjaśnił, że musiał odsłuchiwać nagrania, bo kiedy channelingował, czuł się tak, jakby stał w długim korytarzu, daleko od swojego ciała. Na początku nie pamiętał, co przekazywał podczas sesji channelingowania. To się z czasem zmieniło, ale na początku nie miał zbyt wielkiego pojęcia. Pierwszą rzeczą, o której mówił Gary podczas channelingowania było coś, co nazywało się Bars. Proces Bars polega na przyłożeniu do głowy palców, żeby połączyć różne punkty na głowie, które odpowiadają różnym aspektom naszego życia. Na przykład są punkty odpowiedzialne za radość, smutek, ciało i seksualność, świadomość, życzliwość, wdzięczność, spokój i pokój. Jest nawet punkt poświęcony pieniądzom. Nazywają się Barsami (bars ang. drut), ponieważ dokładnie przebiegają od jednej do drugiej strony głowy. Poprzez delikatne przyciskanie tych punktów pozbywamy się skumulowanych myśli, uczuć, emocji i osądów, które mamy w różnych aspektach istnienia. Jedna sesja Bars wyzwala od 5 000 do 10 000 lat osądów. Możecie to sobie wyobrazić?

No cóż, powiem w ten sposób – czujecie się po tej sesji o wiele lżejsi. Czyszczą się rzeczy, o których istnieniu nie miałeś pojęcia. W skrócie – zrobienie Barsów stwarza więcej jasności i całkowitą świadomość.

Przykładając palce do punktów na głowie, wyzwalamy komponent elektromagnetyczny, który generujemy w naszym polu energetycznym, kiedy czujemy się źle lub mamy o czymś osąd. Dlatego też mówi się, że opletliśmy nasz umysł tymi samymi myślami i przeżyciami. Kiedy kończymy 5-6 lat, mamy niewiele przestrzeni na zmiany – już opletliśmy nasz umysł. To się nazywa ścieżkami neurosynaptycznymi.

Najpierw nie wiesz, czego oczekiwać po sesji Bars, ale im więcej ich robisz, tym więcej jesteś w stanie zobaczyć, jak bardzo zmienia się twoja osobowość i całe życie. Ja zaczęłam czuć się szczęśliwsza i spokojniejsza, miałam większą lekkość przebywania z innymi i byłam tego świadoma, ludziom też było łatwiej być ze mną. Pierwszą moją sesję Bars przespałam, albo myślałam, że przespałam. Tak naprawdę nie jest to prawdziwy sen, jaki mamy podczas nocy, było to przestrzenne, wymarzone miejsce, w którym byłam i mogłam słyszeć wszystko, co się dookoła mnie dzieje. Moje ciało doznawało głębokiego relaksu, co zinterpretowałam jako sen, bo do tej pory nie doświadczyłam niczego podobnego. Kiedy wróciłam do mojego ciała z tego miejsca, do którego podróżowałam, leżałam na stole do masażu, a Gary, który właśnie skończył channelingowanie, uśmiechał się do mnie. Chciałam się ruszyć, ale nie mogłam podnieść ciała, moje ciało się nie poruszało, więc leżałam tam na stole przez, jak mi się wydawało, całe wieki. Kiedy w końcu udało mi się podnieść, o mało się nie przewróciłam, gdy dotknęłam podłogi. Pozmieniało się wszystko w moim ciele, zmieniło się moje pojmowanie świata.

Nie przyzwyczaiłam się jeszcze do mojego nowego ciała. Wszystko było o wiele lżejsze, a ja byłam trochę oszołomiona i bardzo spokojna. Nie wiedząc, co ze sobą począć, przeprosiłam i poszłam spać. Dopiero po kilku latach zauważyłam niezwykle dynamiczne zmiany, które Access wywarł na Garym i kiedy byłam dostatecznie zdeterminowana, na poważnie zajęłam się Access. Access okazał się cudem, o który - nie zdawałam sobie sprawy - zawsze prosiłam.

W 1998 roku, kiedy mieszkałam w Nowym Jorku, Gary przyjechał na targi zdrowia, urody i medium. Przyszłam tam, żeby go odwiedzić. Wraz z kilkoma osobami robili ludziom Barsy, żeby przybliżyć im Access. Zaprosił mnie, żebym się położyła na stole do masażu i zaczął mi robić Barsy, po chwili łzy zaczęły kapać mi na policzki i zaczęłam płakać. Chwilę później okropnie łkałam i za żadne skarby świata nie mogłam przestać. Po prostu przyszło to do mnie i trzymało się mnie. Przez cały ten czas Gary robił mi Barsy i powtarzał, że nic się nie stało, że powinnam pozwolić sobie się wypłakać, co po prostu zrobiłam.

W końcu przestałam i kiedy Gary skończył robić mi Barsy, czułam się o wiele lżej i miałam jaśniejszy umysł niż kiedykolwiek przedtem. Nie miałam nawet pojęcia, jakiej doświadczałam ciężkości, dopóki ta mnie nie opuściła, czymkolwiek była. Kiedy się już pozbierałam, przytuliłam każdego, a przede wszystkim Garego i pojechałam do mojego mieszkania, które znajdowało się na Upper West, ponieważ na drugi dzień rano miałam zajęcia w szkole. Targi były na 34 Ulicy i dla tych, którzy nie znają Nowego Jorku wyjaśniam, że to jedna z najbardziej zatłoczonych ulic Manhattanu. Wyszłam z budynku i kiedy szłam w stronę metra, z boku na ulicy zauważyłam pewną kobietę. Pochylała się nad czymś i kiedy zobaczyłam, co to jest, o mało się nie przewróciłam. W centrum Manhattanu, na środku 34 Ulicy leżało rozsypanych z książeczki czekowej wiele setek dolarów. Kiedy ta kobieta zobaczyła, czemu się przyglądam, popatrzyła na mnie błagalnie. Podeszłam do niej i razem spoglądałyśmy na tę kupkę pieniędzy. Spośród setek osób przechodzących na ulicy byłyśmy jedynymi, które je zobaczyły. Nowy Jork jest pod tym względem dziwny, jest tu tak wiele osób, a nikt niczego nie zauważa. Możesz leżeć i umierać na środku ulicy, a ludzie będą ciebie po prostu obchodzić i pójdą dalej.

Kobieta popatrzyła na mnie i powiedziała, że boi się tych pieniędzy i że to ja powinnam się tym zająć. Tak właśnie mi powiedziała. I to uczyniwszy, po prostu sobie poszła. Nie żartuję – naprawdę powiedziała, że się tego boi. Pomyślałam sobie: „o cholera, biorę wszystko!". Zebrałam pieniądze z książeczką czekową, włożyłam sobie do torby i poszłam w stronę metra mając nadzieję, że nikt za mną nie idzie.

Przyjechałam do mieszkania i w zaciszu mojego pokoju przy zamkniętych drzwiach wyciągnęłam pieniądze. Policzyłam je dopiero teraz po raz pierwszy. Było to 800 dolarów. Pieniądze były schowane w książeczkę czekową i na niej napisane było imię i nazwisko kobiety, do której należały i jej adres. Bez numeru telefonu.

Mieszkała w Vermoncie. Rozmyślałam o 2 opcjach. Mogłam zatrzymać pieniądze dla siebie, ale wiedziałam, że nie będę się z nich do końca cieszyć, albo je zwrócić. Zdecydowałam się napisać list pod ten adres, z informacją, że znalazłam pieniądze i jeśli się nie odezwie w ciągu 3 tygodni, to je sobie zatrzymam. Jeśli się odezwie, to jej je odeślę.

Dwa tygodnie później zadzwonił mój cudny niebieski telefon w stylu retro i była to „pani Vermont" wysławiająca mnie, jaką jestem wspaniałą osobą i że wróciłam jej wiarę w rodzaj ludzki. Pomyślałam sobie „cóż, całkiem niezła nagroda – pozwolenie przywrócenia wiary". Powiedziała mi, że mogę sobie zatrzymać 200 dolarów jako podziękowanie, co było całkiem niezłe, bo ja właśnie wydałam z tej sumy 200 dolarów.

Kilka tygodni później miałam spotkanie z jedną z kobiet, która u Garego uczyła się Access. Uczestniczyła wtedy w targach. Była terapeutką masażu Shiatsu i miała go na mnie wykonać. Skończyło się na sesjach Access, co było bardzo miłe. Wyszłam z jej gabinetu czując się lekko i bardziej przestrzennie. Wsiadłam do windy i pojechałam na parter. Naprzeciw windy stał duży kosz na śmieci z wypchaną śmieciami dużą torbą. Już miałam przejść obok, kiedy coś zobaczyłam: 20 dolarowy banknot patrzył na mnie ze spodu tej torby. Pomyślałam sobie: „o, dzień dobry" i wygrzebałam palcem malutką dziurkę w torbie, wyciągnęłam te 20 dolarów i poszłam w swoją stronę.

Dopiero później zrozumiałam, że znajdowanie pieniędzy było rezultatem uczestniczenia w Access i mojej zdolności do otrzymywania coraz więcej od wszechświata. Stosowanie narzędzi Access zmieniło coś we mnie i spowodowało, że rzeczy pojawiały się w moim życiu, jakby przy użyciu magii. Gary zawsze powtarzał: „Nie masz problemu z pieniędzmi, masz problem z otrzymywaniem. Pozwól sobie na otrzymywanie, a pieniądze przyjdą przy okazji.".

Wszystko się zmieniało i już po niedługim czasie całkowicie mogłam zrozumieć, co jest możliwe i jakie mam zdolności w sprawach rozmów z duchami.

Po kilku pierwszych latach szkoły w Nowym Jorku zdecydowałam się wrócić do domu. Pomiędzy zachodnim i wschodnim wybrzeżem Stanów Zjednoczonych była ogromna różnica. Tęskniłam za rodziną i pogodą w Kalifornii. Przeprowadziłam się do położonego po przeciwnej stronie zatoki San Francisco Oakland, aby znów spotkać moich przyjaciół z Santa Barbara, którzy chodzili do szkoły w Oakland. Pamiętam, jak płakałam patrząc przez okno małego samolotu, kiedy leciałam do mojego domu w Santa Barbara. Żeby wylądować w Santa Barbara, leci się nad oceanem, który był błyszczący, niebieski i prześliczny. Stęskniłam się za pięknem, słońcem i morzem Kalifornii. Poszłam do szkoły w Oakland, żeby dać sobie jeszcze jedną szkolną szansę.

W tym czasie rozmawiałam już dużo i regularnie przez telefon z Garym, prosząc o pomoc w moim życiu. Widziałam, że Access naprawdę działa, bo dzwoniłam cała rozhisteryzowana do Garego, żeby po chwili całkowicie się uspokoić. Kiedy kończyłam z nim rozmowę już nie pamiętałam, jak wcześniej byłam wkurzona.

Postanowiłam rzucić szkołę i zająć się na poważnie Access. Moja mama bardzo się denerwowała, ale Gary pozwolił mi na dokonanie wyboru. Wiedziałam, że muszę to zrobić. Sztuka była super rzeczą, bo spędzałam cały swój czas poświęcając się jej, ale najtrudniejsze było to, że było to jedno wielkie niekończące się imprezowanie. Niektórzy pewnie myślą, że to było genialne, ale im bardziej stawałam się świadoma, tym bardziej ciężko było mi egzystować wśród narkotyków i alkoholu. Artyści imprezują na całego i robią dziwniejsze rzeczy w życiu, niż mogłoby się wydawać. Kiedy stawałam się bardziej świadoma, zauważyłam, że nie mam prawdziwej więzi z nikim w szkole i nikt nie był całkiem blisko ze mną. Odczuwałam tę więź, której tak potrzebowałam z ludźmi, których spotkałam w Access. Czułam się całkowicie nieoceniana, otoczona opieką i dodatkowo w im większej liczbie warsztatów uczestniczyłam, tym więcej radości i lekkości miałam z otrzymywania wszystkiego.

Przeprowadziłam się z Oakland do Santa Barbara, wynajęłam mieszkanie i zaczęłam uczyć przyjaciół i wszystkich, którzy byli zainteresowani, w jaki sposób robi się Barsy i co to jest Access.

Im więcej uczestniczyłam w Access, tym bardziej stawałam się świadoma. Zawsze widziałam i słyszałam duchy, czy tego chciałam czy nie, ale byłam całkowicie nieprzygotowana, albo tak myślałam, do tego, co nastąpiło.

Było wiele niezaprzeczalnych znaków, że duchy są częścią mojego życia. Do rzeczy normalnych należały ich szepty do mojego ucha lub ocieranie się o moje ramiona, kiedy domagały się mojej uwagi. Moje mieszkanie było wypełnione jakby mgłą ich obecności. Pewnego dnia, jakby po zapaleniu światła, właśnie się pojawiły .

Duchy powiedziały: „Cześć Shannon, trochę to trwało... wiemy, że nas unikałaś i nawet czasem ci się to udawało... ale teraz, kiedy wybrałaś być bardziej świadomą, będziemy się pojawiały coraz bardziej.".

Niechętnie odpowiedziałam: „OK, ignorowałam was, to prawda, ale aż do teraz nie byłam na was gotowa."

A duchy odpowiedziały po prostu: „Bierzmy się do pracy.".

CZĘŚĆ DRUGA
Granica

"Wszystko jest możliwe. Powstrzymują nas
przed tym tylko nasze wybory."

~ Gary M. Douglas ~

Magiczny Las,
Magiczna Ziemia

Kiedy miałam 20 lat po raz pierwszy pojechałam do Nowej Zelandii. Gary prowadził tam dziesięciodniowe zajęcia Access. Mieszkaliśmy w miejscu o nazwie Rotorua, około trzech godzin na południe od Auckland.

Rotorua słynie z siarkowego, geotermicznego podłoża. Pierwszego dnia pobytu przebiegłam przez strumień i wiecie co? Był gorący!

Miejsce, gdzie odbywały się warsztaty było pięknym, wyjątkowym kawałkiem ziemi. Spory obszar został wyczyszczony pod wypas owiec, więc można tam było zobaczyć wiele opalizująco wyglądających wzgórz, na krawędziach których był gęsty zielony las. Dookoła jednego z wielkich wzgórz prowadziła ścieżka przez las, jak z filmu „Władca Pierścieni", do zaczarowanego jeziora w kolorze jadeitu.

Pierwszego dnia, kiedy odnalazłam tę ścieżkę, nie poszłam nią. Doszłam do zakończenia lasu i nie wiedząc czemu zawróciłam, żeby zobaczyć inną część tego terenu. Tego dnia odnalazłam kabel łączący najwyższy punkt na szczycie niższym, do którego można doczepić siodełko i przemieszczać się z jednego punktu do drugiego. Spędziłam prawie całe popołudnie biegając na szczyt wzgórza i spuszczając się po kablu na dół z kolanami przyciśniętymi do brody, żeby za chwilę znów wbiec na górę i powtórzyć to od nowa. Kocham Nową Zelandię. Przyszłam na tę ścieżkę jeszcze drugiego i trzeciego dnia, i znów nie weszłam do lasu.

Czwartego dnia zrobiło się tak upalnie, że pomyślałam, że pójdę popływać w tym jeziorku. Stałam na brzegu lasu patrząc na nie i miałam przedziwne nieokreślone wrażenie, ale nie wiedziałam do końca, co to jest. Po prostu postawiłam jedną stopę za drugą i weszłam do lasu. Tak szybko, jak weszłam do niego, intensywne światło słoneczne przyciemniało do zielonej prawie świecącej mgiełki. Drzewa były grube, olbrzymie i połączone ze sobą sękami. Podłoże było pokryte grubą plątaniną pnączy. Niektóre z nich górowały nade mną. A mocno zielony mech porastał pnie drzew. Śpiew ptaków przywołał mnie głęboko do lasu, kiedy zaczęłam schodzić, przysięgam, że zaczęłam słyszeć coś jakby śmiech, czułam jakby iskrzące światełka unoszące się nad konarami drzew. Kątem oka dostrzegłam coś błyszczącego, ale kiedy się odwróciłam, nic tam nie było. Coś się pojawiało na tej ścieżce, ale było poza zasięgiem mojego wzroku. Na początku myślałam, że potykam się o kamienie, ale kiedy się przewróciłam, czułam, jakby mi ktoś podłożył nogę. Zawołałam, żeby to coś, cokolwiek to było, przestało się wygłupiać. I przestało. Poszłam dalej tą ścieżką i znalazłam się nad dużym, lekko zielonym jeziorem otoczonym w większości przez ściany skalne. Widziałam drugą stronę wody, ale było bardzo głęboko. Stałam i cała pogrążyłam się w gorącym złotym słońcu i majestatycznej aurze tego cichego, nie- odkrytego, żyjącego swoim życiem miejsca. Zdjęłam buty i zanurzyłam palce w wodzie.

Było bardzo gorąco, mimo że był wczesny poranek i tak naprawdę bardzo chciałam się wykąpać cała w tej zimnej wodzie, ale coś mnie przed tym zatrzymywało. Światło grające na powierzchni wody chciało mi coś przekazać. Nie było to coś logicznego, ale przekazywało mi jakąś wiadomość. Duchy mieszkające w wodzie nie chciały, żebym do niej weszła. W końcu pomyślałam bez zdania sobie z tego sprawy: „Och, duchy z tego jeziora nie chcą mnie w nim.". I już wiedziałam, że nie wejdę do wody. Jezioro było prześliczne, ale było w nim też coś dziwnego. Wróciłam więc na ścieżkę, żeby przed zajęciami wziąć jeszcze prysznic. W drodze powrotnej przystawałam i gapiłam się jak zahipnotyzowana na energię wokół drzew, coś wychodzącego spośród liści. Miałam 20 lat i właśnie kończył się ten okres mojego życia, kiedy nie chciałam mieć świadomości na temat tych rzeczy. Nie miałam pojęcia, co się działo wtedy, w tym lesie w Nowej Zelandii, w gorący poranek w 2000 roku.

Coś się zaczęło ze mną dziać. Coś mnie budziło i zmieniało. Moje palce zaczęły mrowić i trząść się, miałam całkowicie lekką głowę. Moje pole widzenia zaczęło się wypaczać i drżeć. Usiadłam na ścieżce i starałam się trzymać ręce rozpostarte płasko na ziemi, i wtedy głosy duchów mieszkających w drzewach zaczęły do mnie podchodzić. Śmiały się i chichotały, łaskotały mi twarz.

Byłam jak po zażyciu narkotyków, ale to było prawdziwe, to naprawdę się działo. Nie wiedziałam dokładnie, co chcą mi przekazać, ale stworzenia zamieszkujące to miejsce wmieszały się w moje życie, aby mnie uzdrowić, zmienić i pokazać inne możliwości. Możecie je nazwać wróżkami, nimfami albo czymkolwiek chcecie, to miejsce było wypełnione duchami.

Nie duchami ludzi, ale lżejszymi, jaśniejszymi i bardziej błyszczącymi bytami. Zaczęłam dostrzegać inny wymiar, który dla mojego umysłu nie miał żadnego sensu i zaczęłam się bać. Jak tyko pojawił się strach, cały śmiech i blask zatrzymały się i wiedziałam, że stało się to przeze mnie. Byłam na siebie zła, bo straciłam to cudowne uczucie przenikające mnie, ale tym samym nie byłam pewna, dokąd mnie to zaprowadzi i czy byłam tam do końca bezpieczna. Miałam dylemat, w jaki sposób wejść w ten magiczny świat i zachować świadomość. I nagle zrozumiałam to, jakby ktoś walnął mnie w głowę. Pamiętam, kiedy miałam 18 lat, wraz z moimi przyjaciółmi powędrowaliśmy w góry Santa Barbara po magiczne grzybki. Pamiętam tę chwilę, kiedy grzybki zaczęły działać, a ja zapomniałam o czasie i przeszłam do głębokiej jedności z naturą.

To był tak naprawdę pierwszy raz od czasu mojego dzieciństwa, kiedy wiedziałam, że są duchy w wodzie i powietrzu. Wraz z przyjaciółmi znaleźliśmy miejsce w przerwie skalnej i spędzaliśmy większość dnia przykucnięci przy maleńkim bajorku uformowanym w szczelinie. Wszystko, co mogłam zrobić, to gapić się nieskończenie na wodę i krzyczeć: „Widzicie to?! Widzicie?". Nikt mnie nie słyszał. Moi przyjaciele łazili po drzewach. Duchy w zatoczce w Santa Barbara przywołały coś, czego nigdy wcześniej nie czułam. To było uczucie wiedzenia wszystkiego od samych początków. Było to poczucie wspólnoty i spokoju, w którym nie było myślenia, tylko nieskończona wspaniała przestrzeń. Nie wiem, czy zobaczenie tych duchów w wodzie było przerażające czy fascynujące. Byłam zachwycona, niezdolna do tego, żeby wejść lub wyjść z wody. Siedziałam na piasku i liściach przy zatoczce i zanurzałam się w świadomości coraz głębiej i głębiej w ciemną wodę, i dosłownie czując, jak mi eksploduje mózg. Kiedy zaszło słońce i efekt grzybków się ulotnił, zapominałam o tych wodnych duchach, do momentu aż usiadłam na ziemi w lesie w Nowej Zelandii. Wszystko do mnie wróciło. Tak, jakbym się otworzyła na totalnie głębokie połączenie z naturą, bez narkotyków. Matka Ziemia pokazywała mi swoją magię, a małe o wielkiej mocy istotki przybyły, żeby mnie przywitać. Wydawało się, że one wiedziały, że jestem gotowa, tylko ja nie byłam tego pewna. Pozwoliłam tej błyszczącej energii przepłynąć przeze mnie znowu i następną rzeczą o jakiej wiedziałam, było obudzenie się obolałej i przemoczonej na leśnej ziemi. Nie wiedziałam w pierwszej chwili, gdzie się znajduję i przypomnienie sobie zajęło mi sporo czasu. Miałam zamgloną głowę i wcale nie chciało mi się wstawać. Kiedy się podniosłam zauważyłam, że z roślin emanuje dziwne światło. I w końcu uświadomiłam sobie, że robi się już ciemno i powinnam się podnieść przed zapadnięciem całkowitej ciemności. Wstałam i zaczęłam powoli iść do ścieżki. Kiedy przyszłam do końca lasu, stanęłam na moment i pomyślałam, czy tak naprawdę chcę wrócić do świata ludzi. Czułam, jakbym była zmuszona do powrotu do ludzi i zaprzeczyłam temu, ale jednocześnie wiedziałam, że nie mogę zostać w tym lesie. Wiedziałam, że to nie jest moje miejsce. Kiedy wyszłam już z lasu zauważyłam, że nie tylko rośliny świeciły w całym lesie, również trawa i budynki, które stały w oddali posiadały lekką poświatę.

Po około 10 dniach świeciły już tylko drzewa, rośliny i kwiaty, i oczywiście niekiedy świecą tak świadomi ludzie. Po tej podróży Gary kupił mi naszyjnik wykonany z kości, który przypominał połowę smoka i połowę ryby. Kiedy zapytałam, co to jest, powiedział, że to jest to, co Maoriowie nazywają Taniwha – duch wody. Pomyślałam sobie: „Och, coś takiego musiało być w wodzie.". Wiele tubylczych kultur wierzy w duchy wodne, wierzą one również w duchy swoich przodków. Na Bali na przykład wierzą, że w wodzie mieszkają złe duchy.

Nie wiem, czy duchy, które żyją w wodzie można nazwać złymi, są one po prostu głębokie i ciemne, a ludzie z reguły boją się takich rzeczy. Dla tych ludzi normalną rzeczą jest to, że istnieje świat duchów. Za czasów Szekspira każdy wiedział, że duchy są częścią naszego życia, a wyśmiewanie ich było uznawane za niemądre.

Ciągle nie mogę się nadziwić, skąd my jako społeczeństwo mamy pojęcie o duchach. Myślę, że kiedyś spojrzymy wstecz na nasze czasy i zapytamy: „Pamiętasz? Kiedyś ludzie nie wierzyli w duchy.". Tak, jak teraz pytamy: „Pamiętasz? Kiedyś ludzie uważali, że ziemia jest płaska.".

Wizyta Ojca Mojego Przyjaciela

Przejście od całkowitego zaprzeczenia światu duchów do całkowitej wiedzy było nieco ciężkie, jakbym wspinała się w górę. Ciężko jest się wspinać, ale wiesz, że kiedy znajdziesz się już na szczycie, będzie ci się to bardzo podobać. Pierwszym krokiem była świadomość, że ta góra w ogóle istnieje. Drugim krokiem było znalezienie najlepszego miejsca na wspinaczkę. A trzecim po prostu marsz do przodu, kiedy już się to zaczęło. Patrzenie w dół lub zawrócenie w ogóle nie przychodziło mi do głowy. Nawet wtedy, kiedy droga wydawała się zbyt wyboista i pomysł, żeby kontynuować był prawie niewykonalny, wiedziałam, że zawrócenie będzie skutkowało nudą i brakiem takiej nagrody, jaką właśnie zaczęłam otrzymywać.

W wieku 20 lat zaznałam o wiele więcej spokoju.

Wtedy też poznałam mojego pierwszego chłopaka. Pracował jako stolarz w miejscu, w którym pracował również kolega, z którym wynajmowałam mieszkanie. Tom był moim współlokatorem i pracował jako elektryk. Tom był również w Access i zaprosił Kevina, który niedługo potem został moim chłopakiem, na sesję wymiany Bars. Zupełnie przypadkowo Tom „zapomniał" o tym zaproszeniu i pojechał do Los Angeles, kiedy Kevin zapukał do drzwi.

Kevin zapukał, otworzyłam mu, a reszta jest tylko historią.

Kevin był moim pierwszym poważnym chłopakiem i wniósł w moje życie mnóstwo nowych rzeczy tak, jak ja wniosłam do jego życia. Mieszkał na łodzi w zatoce, co było dla mnie kompletną nowością i myślałam, że to jest niezwykłe. Nauczył mnie żeglować i czytać Tarota, czego uwierzcie, nigdy wcześniej nie robiłam.

Jednej nocy, kiedy kładliśmy się spać, zauważyłam bardzo silną obecność ducha, który pojawił się obok naszego łóżka. Czułam, jakby intensywnie patrzył się na mnie jak olbrzymi filar. Nie mogłam ani zaprzeczyć ani uciec od jego obecności, było to tak silne. Kiedyś mogłam go zignorować, ale nie teraz. Wystraszył mnie, starałam się używać narzędzi Access i wyczyścić go.

Wszystkie narzędzia normalnie były bardzo użyteczne, ale tym razem nie zdawały egzaminu. Skupiałam się na czyszczeniu tego ducha mając po cichu nadzieję, że w końcu odejdzie, ale stał tam sobie i patrzył na mnie.

Zaczęłam w końcu pytać, czego on (bo to był byt rodzaju męskiego) chce ode mnie, ale nie mogłam uzyskać żadnej odpowiedzi.

Pytałam co tu robi, ale bez skutku, nic mi nie przekazał. W końcu sfrustrowana poddałam się i poszłam spać z duchem, który stał przy moim łóżku. Poprosiłam Kevina, żeby spał po tej stronie, po której stał duch i oczywiście nie przyznałam się, dlaczego chciałam zamienić miejsca.

Następnej nocy, kiedy się położyliśmy, duch znów tam był, patrzył się na mnie i domagał się uwagi. Znowu przeszłam wszystkie procesy czyszczenia bytów i pytania, czego chce i znowu nie osiągnęłam skutku i poszłam spać.

Trzeciej nocy, kiedy szliśmy spać, duch znowu pojawił się obok łóżka. Miałam już tego po dziurki w nosie i postanowiłam powiedzieć o tym Kevinowi.

Powiedziałam mu najlepiej jak tylko umiałam, że obok łóżka stoi duch, że próbowałam go czyścić, ale bez powodzenia.

Powiedziałam mu, że nie mam pojęcia, o co mu chodzi i co próbuje mi powiedzieć, a wtedy Kevin zapytał: „Czy to z tobą chce rozmawiać?". I wtedy otworzyły mi się oczy! Zadawałam niewłaściwe pytanie.

Ten duch nie chciał rozmawiać ze mną. Chciał rozmawiać z Kevinem! I ja miałam to ułatwić. Byłam sceptyczna, ale chciałam spróbować i zobaczyć, co się stanie.

Robiłam wszystko, żeby nie dopuścić do siebie moich punktów widzenia o tej sytuacji i być tylko przekaźnikiem tego, cokolwiek przeze mnie przejdzie.

Nie miałam pojęcia, jak Kevin na to zareaguje, ale musiałam spróbować i zobaczyć, o co tu chodzi.

Popatrzyłam z powątpiewaniem na Kevina i zapytałam, czy to się naprawdę dzieje. Uśmiechnął się całą twarzą i powiedział: „No!" - ciekawy i dumny ze mnie. Było to dla mnie nowością, że on jest zainteresowany moimi możliwościami. Zrozumiałam, że nie jest to coś, czego powinnam się wstydzić, ale jest to coś, co tak naprawdę interesuje ludzi. To był pierwszy z wielu przypadków, który zdopingował mnie do pokazania innym, co widzę i bycia przekaźnikiem, dla tych, którzy tego nie słyszeli.

Powiedziałam: „Twój ojciec jest tu i mówi, że mu przykro.". Powiedziałam to tak szybko jak mogłam, żeby nie dopuścić mojego umysłu do tego wszystkiego.

Po usłyszeniu tego Kevin zaczął płakać. To nas całkowicie zadziwiło, żadne z nas nie spodziewało się tak emocjonalnej odpowiedzi. Chciałam szybko kontynuować, korzystając z okazji, że oboje tego bardzo chcieliśmy. Ojciec Kevina mówił mu, że jest z niego bardzo dumny i jest mu przykro, że nie uczestniczył w życiu Kevina.

Była to bardzo prosta informacja, ale tyle wystarczyło. Kevin zamienił się w morze łez.

To było ciekawe doświadczenie. Mogłam po prostu zaprzeczyć temu wszystkiemu, jakbym sama to sobie wymyślała, ale ta nieoczekiwana i niekontrolowana reakcja Kevina była potwierdzeniem, na jakie czekałam i jakiego potrzebowałam dla siebie.

Kevin i jego ojciec nie mieli najcieplejszych relacji, kiedy jego ojciec jeszcze żył. Był aroganckim, upartym człowiekiem, o którym Kevin prawie nie mówił i zatrzymywał w sobie milczącą urazę. Kevin był świetnym stolarzem i konstruktorem niestandardowych łodzi, sławny w swoim fachu z doskonałej pracy i artyzmu. Jego ojciec nigdy tego nie pochwalał i urągał mu.

Widywali się bardzo rzadko i Kevin nie uczestniczył nawet w pogrzebie ojca. Chodziłam z Kevinem rok i nigdy go takiego nie doświadczyłam.

To był nowy człowiek. Dotychczas Kevin zawsze trzymał wszystko w sobie. O swoim ojcu wspomniał tylko kilka razy przy okazji jakichś rozmów. Nie zdawałam sobie sprawy, jaki wpływ ma na niego jego ojciec czy też z tego, co takiego trzyma w sobie. Jego ojciec powiedział, że jest mu przykro z powodu, jak traktował matkę Kevina i prosił, żeby Kevin mu wybaczył.

To wydarzenie było prezentem dla każdego z nas. Ojciec Kevina pomógł mi przez to, że był tak wytrwały i natrętny, i odmówił odejścia, kiedy ja nie rozumiałam, czego ode mnie potrzebował. Nauczył mnie, że duchy czasem przychodzą do nas, bo chcą przekazać coś osobom trzecim. Jednak największy wpływ miało na mnie nie to, co powiedziałam, ale energia, która przechodziła przez nas. Widziałam jak przez Kevina i jego ojca przepłynęła ogromna moc uzdrowienia. To był pierwszy raz, kiedy doświadczyłam, jak bardzo pośredniczenie w rozmowie pomiędzy tym i tamtym światem wpływa, zmienia i uzdrawia obie strony.

Zawsze wiedziałam, że jest wiele rzeczy, które możemy otrzymać od zmarłych, ale nigdy nie zdawałam sobie sprawy, ile jest takich rzeczy, które zmarli mogą otrzymać od nas. Przebaczenie, które ojciec Kevina otrzymał od niego było uzdrawiające i pozwoliło ojcu Kevina odejść. Jakie są możliwości, żeby ludzie zrozumieli, co tak naprawdę liczy się w ich życiu zanim przejdą na tamtą stronę?

Wymyśliłam sobie, że będę patrzeć na konkretny moment w moim życiu i będę myśleć, co właśnie teraz jest dla mnie najważniejsze. Wyobrażam sobie, że dziś jest ostatni dzień mojego życia. Wyobrażam sobie, że po zapadnięciu zmroku będę już martwa i jeśli naprawdę pozwolę sobie na tę fantazję, rzeczy, które mają dla mnie znaczenie, zaczynają się wtedy pojawiać. Rzeczy, których się kurczowo trzymam i się nimi niepokoję, stają się nieznaczące przy wszystkich innych. Zaczynam rozumieć, że kłótnia, którą miałam z siostrą nic nie znaczy, mimo że bardzo starałam się przeforsować swój punkt widzenia. Zdałam sobie sprawę, że bez znaczenia jest fakt, że chłopak do mnie nie oddzwonił, albo że nie mam wystarczająco dużo pieniędzy, albo że mam za gruby tyłek.

To, ile mam w sobie miłości dla siebie i wszystkich innych jest ważne. I ważne jest powiedzenie tym osobom, które kocham, że je kocham.

Wiadomość, która pochodzi od bytów w przeważającej liczbie przypadków dotyczy miłości i przebaczenia. Bardzo często chcą tylko przekazać danej osobie, że ją kochają albo że przepraszają za coś, co zrobili w poprzednim wcieleniu. Wiadomości są właśnie tak proste i pojawiają się częściej niż mogłam się tego spodziewać. Dzięki „pracy" medium nauczyłam się, że większość ludzi (jeśli nie wszyscy) nie są szczęśliwi w swoim życiu, które przeżywają na tym świecie i często wracają i chcą naprawić wszystko, co myślą, że nie załatwili na tym świecie. Tak więc dzwonię do ludzi, z którymi wcześniej się kłóciłam i mówię, że mi przykro i odpuszczam całe to zdenerwowanie.

Wysyłam miłość do wszystkich ludzi w moim życiu, którym nie powiedziałam, ile dla mnie znaczą. Niszczę wszystkie osądy, wszystko, co uważam za dobre i złe w moim życiu i wszystko to, o czym myślę, że ludzie dla mnie zrobili lub są.

Biorę całkowitą odpowiedzialność za moje życie i uczucia. Śmierć jest ostatecznym wyzwaniem – powoduje, że patrzymy na rzeczy, których próbowaliśmy uniknąć w naszym życiu. To również pozwala ci uświadomić, że nie ma czasu do stracenia i czekają ciebie cudowne zmiany.

Dotykasz granic świadomości, o których do tej pory nie wiedziałeś. Dlaczego więc nie żyjemy w tej świadomości i dlaczego nie przypominamy sobie ciągle o tej świadomości? To ćwiczenie pozwala mi na branie życia za pewnik. Posiadam ciało, aby cieszyć się życiem na tym świecie i rzeczywistość jego nietrwałości jest dla mnie bardzo realna.

To działa jakiś czas, po czym zapominam i znów staję się nieobecna w moim życiu, i wtedy robię to ćwiczenie od nowa.

Kiedy stąd odejdę, nie chcę tu utknąć tylko dlatego, że mam niezałatwione jakieś sprawy.

Wieczór w Nowym Orleanie

Kevin interesował się coraz bardziej Access, dlatego też zaproponował, żebyśmy pojechali na drugi koniec kraju, na Florydę, gdzie mój ojczym prowadził zajęcia w mieście Panhandle. Powiedział, że weźmiemy jego vana i będziemy zatrzymywać się po drodze odwiedzając przyjaciół i rodzinę. Bardzo mi się to spodobało. Nigdy nie jechałam przez całe Stany i bardzo pragnęłam tej przygody.

To była niezwykła podróż, krajobraz południowej Kalifornii ustąpił miejsca płaskim pustyniom Arizony i Nowego Meksyku. Teksas był nostalgiczny, nie było żadnych granic, żeby oznaczyć przebyty dystans, tylko niekończąca się droga i niebo.

Jechaliśmy volkswagenem z 1985 roku bez stereo i klimatyzacji. Nawet, gdybyśmy mieli tam jakieś radio, byłoby niesłyszalne w zgiełku silnika i odgłosie pokonywanej drogi. Po drodze słuchałam na moim walkmanie „Autobiografii Jogina" i „Rozmów z Bogiem", i patrzyłam na drogę. Książki wystarczyły akurat na całą drogę i były wystarczająco interesujące i obfitujące w niezwykłe cuda i spirytystyczne filozofie, żeby mnie zabawiać.

Kiedy dotarliśmy do wschodniego Teksasu, uderzyło nas wilgotne powietrze i poczuliśmy, że czas na przystanek.

Pomyśleliśmy, że najlepszym miejscem będzie Nowy Orlean, gdzie mieszkała rodzina Kevina.

Nigdy nie byłam w tej części kraju i nie miałam pojęcia czego się spodziewać. Co myślą sobie ludzie, kiedy mówią o Południu. Czy myślą o stadach hiszpańskich much, które fruwają pomiędzy majestatycznymi dębami? O regionie brzoskwiniowego ciasta, smażonego kurczaka i ice tea?

Myślałam o ich niezwykłej gościnności, długich włosach, wielkich kapeluszach, wielkich brzuchach i rasizmie. Oczywiście historie o niewolnikach i rasizmie znałam tylko ze słyszenia. Wszystko było w książkach do historii. Nigdy tak naprawdę nie spotkałam nikogo, kto byłby rasistą. Wiem, że to znaczy, że wiodłam spokojne życie. Życie chronione przed niedociągnięciami, ale bez ochrony przed niezwykłymi i ponadludzkimi doświadczeniami, ponad nasze pięć zmysłów. Wiem, ironiczne.

Wiem, że to szokujące, ale muszę nadmienić, że jestem wdzięczna czarnym niewolnikom, że przybyli do Ameryki. Niewolnictwo było okrutne, ale według mnie wraz z nim przyszły niezwykłe rzeczy. Bez Afrykanów, którzy przybyli tu jako niewolnicy nie byłoby jazzu, bluesa, soula, hip hopu i rock&rolla. Przekracza to moje wyobrażenie, jak ktoś miałby się tak bardzo mocno starać, żeby kontrolować inną osobę, i kto tu tak naprawdę jest niewolnikiem? Jak można to było robić? To całkowicie poza moim zrozumieniem, ale ja również nie pojmuję, jak można wytrzebić cały las albo zwyczajnie zabić zwierzę, pozwolić, aby ktoś był gorszy od ciebie. Podsumowując, czyż to nie jest cool, co Afrykanie przywieźli ze sobą?

Dzięki, dzięki, dziękuję!

Kiedy zbliżaliśmy się do Houston był już środek nocy. Zatrzymaliśmy się na stacji benzynowej w pobliżu centrum miasta, ponieważ autostrada I-10 (która prowadzi z południowej Kalifornii na Florydę prosto przez Teksas) przechodzi właśnie przez środek Houston. Zatrzymaliśmy się i wyłączyliśmy silnik. Brzęczało mi w uszach od ciągłego szumu i byłam bardzo wdzięczna za ten postój. Przez niezwykłą wilgotność powietrza, trudno było oddychać. Pamiętam, jak zafascynował mnie rozpad tego miasta. Krawężniki były nierówne i zużyte, z roślinami, które przeciskały się przez szpary poszarpanego asfaltu. Niektóre budynki były zniszczone i źle utrzymane. Houston jest miastem zamożnym, Santa Barbara, miasto przy plaży, przypomina ośrodek wczasowy, a nie miasto, w którym żyją ludzie. Na zewnątrz Santa Barbara wygląda perfekcyjnie, a ja uczyłam się świata przez duszę Houston, późną nocą, w środku lata.

Przez rozległe prace budowlane ciągnące się po całym mieście w 1999 roku, spędziliśmy następną godzinę na wydostanie się z powrotem na autostradę prowadzącą na wschód. Konstrukcje remontowe przypominały mi wnętrze statku kosmicznego z filmu „Obcy". Wszystko było ciemne, z kablami i rurami we wszystkich miejscach i popękanym cementem, spod którego wystawała infrastruktura miasta. Były studzienki, z których wydobywała się para i wiele wyjazdów i rozjazdów, które prowadziły do coraz bardziej dezorientujących znaków, zawsze wskazujących niepoprawny kierunek. Gdybym nie wiedziała, co się dzieje, myślałabym sobie, że to tylko źle zaplanowane objazdy. Pamiętam, że zastanawiałam się, co nas tak naprawdę powstrzymuje od dalszej drogi.

Czy było coś, co zatrzymywało nas przed odnalezieniem drogi i dalszą podróżą do Nowego Orleanu? Po pobycie w Nowym Orleanie zrozumiałam to dokładnie, ale w tamtym momencie wydawało się to zwykłym przypadkiem, jakby wielka niewidzialna ręka chciała nas stamtąd zawrócić.

W końcu po wielkich mękach znaleźliśmy wyjazd na autostradę I-10 Wschód. W miarę jak jechaliśmy nocą w kierunku Luizjany, wstający świt pokazał nam powierzchnię surrealistycznej planety. Krainę mokradeł, której do tej pory nigdy nie widziałam.

Autostrada w tym miejscu jest zbudowana nad kilometrowymi mokradłami. Pokryte mchem drzewa miały niezwykłą mistyczną aurę i mogłam sobie tylko wyobrażać, co się znajduje pod powierzchnią brunatnej wody. Zastanawiałam się, dlaczego pierwsi osadnicy osiedlili się na tej niegościnnej ziemi. W końcu zbliżyliśmy się do Nowego Orleanu i zostawiliśmy autostradę za sobą, skręciliśmy na północ, przejeżdżając przez płaskie, prawie niekończące się jezioro Pontchartrain Bridge, które było na drodze do domu naszych przyjaciół, gdzie chcieliśmy zostawić nasze bagaże i odświeżyć się przez zwiedzaniem Nowego Orleanu.

Ani ja ani Kevin nie przespaliśmy całej nocy przez ostatnie 4 dni, jako że zmienialiśmy się za kierownicą. Kiedy jedno prowadziło, drugie spało chwilę, kiedy oboje nie spaliśmy, rozmawialiśmy i cieszyliśmy się wolnością. Mogliśmy się wyspać i poczekać do nocy, żeby doświadczyć, co miasto Nowy Orlean miało do zaoferowania, i może to nawet było niezłym pomysłem, ale zdecydowaliśmy się na wymarsz do miasta.

Dziesięć minut od przyjścia do Francuskiej Dzielnicy zrozumiałam, że to nie będzie tak lekkie i zabawne, jak myślałam. Zagęszczenie duchów w tym mieście było większe niż ciężka wilgotność powietrza. Starałam się zachowywać tak, jakby nic się nie działo, przede wszystkim dlatego, że nie miałam pojęcia, co zrobić z taką liczbą bytów w jednym miejscu i zastanawiałam się, czy powinnam się tym zająć. Starałam się to wszystko zablokować i udawać, że nic się nie stało. Od czasu do czasu takie zamknięcie działało – przynajmniej trochę. W końcu ten wielki gigantyczny problem, który starałam się ignorować, walnął mnie po głowie i zdałam sobie sprawę, że mam dwa wyjścia: albo poddam się presji albo stanę z nią twarzą w twarz, jakkolwiek to miałoby wyglądać. Zaczęłam się czuć jakbym zwariowała. To była dla mnie nowa świadomość, nie miałam do czynienia z taką liczbą bytów od czasu wyprawy do Anglii jako dziecko i całkiem o tym zapomniałam.

Starałam się nie poświęcać temu zbyt dużej uwagi, ale czułam się coraz bardziej niekomfortowo. W miarę jak wędrowaliśmy uliczkami, nie mogłam wyjść z podziwu, że gdziekolwiek się odwrócę, widzę trzy rzędy duchów schowanych głęboko i stojących przy ścianach. W Nowym Orleanie było więcej duchów niż ludzi tam mieszkających.

Zastanawiałam się, jak to możliwe i zaprzeczałam sama sobie. Nie miałam pojęcia, że coś takiego może egzystować. Zauważyłam też energię, jakiej do tej pory nie doświadczyłam. To tak, jakbym nie mówiła tym językiem. Czy naprawdę coś się działo, czy ja to sobie wymyślałam? Czy to było takie dziwne, czy może to wymysł mojej wyobraźni? Miotałam się z tymi myślami i miałam wrażenie, że oszaleję. Podczas naszego spaceru po mieście wszystko zaczęło mi się klarować. Kiedy zobaczyłam piąty z rzędu dziwaczny sklep Voodoo, wiedziałam, czego wcześniej nie chciałam zobaczyć.

Duchy z ulic Nowego Orleanu znały Voodoo i mówiły językiem, którego nie znałam. Później dowiedziałam się, że Afrykanie, którzy przybyli do Ameryki przywieźli ze sobą swoją religię voodoo. Voodoo dosłownie znaczy duch. Dowiedziałam się, że Voodoo było spokojną religią ze wsi, ale przez okrucieństwo i opresje wobec niewolników stało się agresywne i gwałtowne.

Biali właściciele niewolników uznali Voodoo za czarownictwo i zabronili go i tym samym zmusili wyznawców do praktykowania w sekrecie, zmieniając twarze i nazwy bóstw na katolickich świętych. Wyznawcy Voodoo proszą duchy o ich magię i pomoc. Witamy na południu!

Afrykanie, którzy przybyli tu jako niewolnicy wierzyli mocno w świat duchów, ponieważ nigdy nie byli uczeni, że nie istnieje. Przeciwnie, byli zachęcani do kontaktu ze zmarłymi przodkami. Wychowali się w wierze w duchy i prosili o ich pomoc. Ludzie w mieście osadzali się bez najmniejszego pojęcia na temat duchów dookoła nich.

Jak wspomniałam, było tam pełno bytów, które stały w trzech rzędach pod ścianami. Pierwszy rząd składał się wyłącznie z mężczyzn. Stali odwróceni przodem do ulicy, z pustymi oczami i ustami, w których była ciemność. Wydawało się, że bardziej przyczyniają się do oddania masowej ekspresji niż posiadali własną komunikację. Brzmiało to jak bzyczenie tysiąca insektów. Za mężczyznami stały kobiety. Ich oczy były bardziej obecne i widziały to, na co patrzyły. To one odpowiadały za komunikację, jeśli tak to można nazwać. Mogłam rozróżnić pojedyncze myśli pochodzące od kobiet. Za kobietami stała niezidentyfikowana energia, nie była ludzka i była czarna. Nie posiadała formy, ale jej obecność była namacalna. Nie miałam wtedy pojęcia, dlaczego kobiety stały za mężczyznami, być może dlatego, że Voodoo wyznawało społeczeństwo matriarchalne.

Mężczyźni ochraniali kobiety, a kobiety ochraniały energię, która stała za nimi. Myślę, że za nimi stała ich „prawdziwa" magiczna religia. To, co Afrykanie przywieźli ze sobą do Ameryki i to, co było skrywane przed karami. Możliwe, że dlatego było to takie czarne. Schowali to w ciemności, żeby nikt nie mógł tego zobaczyć. Dodatkowo ludzie nie patrzą na coś, co jest „ciemną mocą", więc jakie jest lepsze miejsce do schowania, jeśli nie w ciemności? Teraz widzę, że ciągle próbowałam to zrozumieć logicznie, poprzez ignorowanie tego. Tego było za dużo, kiedy przyszła noc, zatracałam się coraz bardziej i bardziej w cieniu i chcąc nie chcąc zaczęłam zauważać rzeczywistość. To się działo naprawdę. Wtedy mogłam tylko zaprotestować szepcząc, żebyśmy mogli już stąd sobie pójść. Mózg miałam zamglony i zmieszany.

Chciałam zostać i bawić się w sławnym mieście, ale zaczęły mi się trząść kolana i czułam, jakbym odchodziła od zmysłów. W końcu przekonałam Kevina, że chcę wyjechać wcześniej, więc musiał przekazać naszym przyjaciołom, że wyjeżdżamy wcześniej, bo źle się czuję. Protestowali i pytali, co ze mną nie tak, ale jedyne, na co było mnie stać to płacz. Kevin przeprosił za nas oboje i zaprowadził do samochodu. Nie żartuję, byłam tak przytłoczona przez duchy, że straciłam możliwość rozmawiania. Nic śmiesznego, ale całkiem nieźle doświadczenie. Kevin nie wydawał się rozczarowany, że wyjeżdżamy.

Widział mnie, jak nie daję sobie rady i sam czuł ciemność wymykającą się z ulic. Dowiedziałam się później, że w Nowym Orleanie organizują wycieczki turystyczne na cmentarze. Duchy były tam czczone. Nie ma się co dziwić, że nie chciały odejść.

Najprawdopodobniej przez te mokradła, ciała są chowane w kryptach, które znajdują się nad ziemią. Niektóre cmentarze przypominają małe miasta umarłych. Pochowane w ziemi ciała wypływały czasem podczas dużych deszczów. Gdziekolwiek są prowadzone roboty budowlane, znajdują pogrzebane ciała. Paskudztwo! Nic dziwnego, że to miejsce miało na mnie taki wpływ. Jak tylko oddalaliśmy się od miasta, zaczęłam się relaksować i czuć, że wracam w połowie do siebie. Wtedy też ciągle nie byłam w stanie opowiedzieć Kevinowi, co się stało w mieście, jedyne, co powiedziałam to, że nie czułam się dobrze. Dopiero kilka lat później przypomniałam sobie, co się stało w Nowym Orleanie. Nie miałam możliwości podróżowania po Luizjanie od tego czasu, ale zastanawiam się, jaki wpływ na paranormalne wydarzenia w Nowym Orleanie miał huragan Katrina. Myślę, że siły natury wyczyściły większość, jeśli nie wszystkie duchy, które były tam zatrzymane.

Siły natury mogą być czasem straszne i mieć duży wpływ, ale nie tak bardzo, jak nieświadomość wykreowana przez ludzi. Natura zawsze znajdzie równowagę, czy się nam to podoba czy nie.

Dorastając do Siebie

Z upływem czasu czułam coraz większą lekkość w otwartej komunikacji z duchami. Zaczęłam całym sercem akceptować fakt, że sobie tego nie wymyślam. Zaczęłam też widzieć w tym wartość. Fakt bycia wartościowym wkładem dla rzeczywistości był coraz bardziej namacalny, w przeciwieństwie do mojego wstydu z przeszłości. Przestałam myśleć o sobie jako o wariatce i zaczęłam wykorzystywać moje możliwości.

W moim życiu pojawiali się ludzie i oferowali pieniądze za to, że mogę ich skontaktować z duchami. Myślałam sobie: nie mogę wziąć od nich pieniędzy, co to będzie, jeśli nie będę w stanie im pomóc?

Pierwszą moją klientką była Lorain, mała blond bomba z Tennessee, która była pewna, że mogę jej pomóc. Bardzo nalegała, wiec zgodziłam się, chociaż trzęsłam się ze strachu. Pomyślałam, że to byłby mój pierwszy kontakt z duchami, za który dostanę pieniądze.

I to spowodowało, że bardzo się skupiłam na tym aspekcie.

Lorain czekała uzbrojona w notes i urządzenie do nagrywania. Usiadłam przy niej starając się przekonać samą siebie, że nie jestem jakimś głupim dzieciakiem, który wszystko wymyśla. Zmusiłam się do spojrzenia w przestrzeń Lorain i co zobaczyłam?

Był tam jej ojciec i reszta jej rodziny. Pomyślałam: „Jezu, od czego zacząć?".

Zaczęłam opisywać jej ojca, żeby upewnić się, że to on, a ona potakiwała głową w miarę słuchania i mówiła: „Tak, tak dokładnie tak wygląda.".

Pomyślałam sobie, że ta kobieta jest szalona, ale jeśli ona jest szalona, to ja jestem królem szaleńców.

Chciała wiedzieć o ostatniej woli swojego ojca i miejscu, gdzie ukrył pieniądze, bo nikt z rodziny tego nie wiedział. Pomyślałam: „O, cholera... ona chce rzetelnej informacji. Co będzie jeśli się pomylę?". Skąd będę wiedziała, że tego nie wymyślam? A jeśli nie uzyskam prawidłowej odpowiedzi, wszystko okaże się zmyślone.

W jakiś sposób wykaraskałam się z moich rozterek i sceptycyzmu. Zmusiłam się do wejścia w miejsce świata duchów, w którym jeszcze nie byłam. Zmusiłam się do przetłumaczenia tego, co odczuwam, zamiast odpychania tego od siebie.

Zaczęłam otwarcie komunikować się z jej ojcem. Musiałam zapytać o wszystkie informacje, jakie Lorain chciała uzyskać i było to tak ciężkie jak wyrywanie zęba. Nie chciał mi udzielić tej informacji, bo nie byłam częścią jego rodziny. Powiedziałam: „Słuchaj stary, ja się tylko staram pomóc Twojej córce, możesz mi w tym pomóc?".

Odpowiedział: „Dobrze, powiem ci, ale musisz przekazać Lorain, żeby nie powtórzyła tego jej matce".

Byłam zdziwiona, że stawia mi warunki, to było bardzo ciekawe. Po raz pierwszy zdałam sobie sprawę, że duchy mają ostanie słowo, co zostanie powiedziane. Jeśli jakiś duch nie chce czegoś przekazać, nie zrobi tego, zupełnie jak człowiek. Kiedy ktoś do mnie przychodzi i prosi o kontakt z osobą, która odeszła, a ona nie życzy sobie tego kontaktu, nic nie mogę na to poradzić. Kiedy do kogoś dzwonisz, a ta osoba nie chce z tobą rozmawiać, po prostu nie odbiera telefonu. Chyba, że ją przechytrzysz, ale to opowieść na inny czas!

Powiedziałam Lorain, że jej ojciec stawia warunki, zanim przekaże mi informację. Ona roześmiała się i powiedziała: „Oczywiście, że stawia warunki.". I tak zaczęłyśmy.

Pokazał mi się obraz długiej polany z kilkoma wysokimi drzewami i wysokim domem na końcu. Obraz przesunął się tak szybko, że o mało go nie pominęłam, ale zaczęłam ufać tym małym skrawkom obrazów, które otrzymywałam. Opowiedziałam Lorain o polanie, a ona powiedziała, że wygląda to jak tyły domostwa w stanie Waszyngton. Potwierdziłam: „Na to wygląda.".

- O co chodzi z tą polaną? – zapytała Lorain.

- Myślę, że tam są pieniądze – odpowiedziałam. Otworzyła szeroko usta i powiedziała:

- Niemożliwe!

- Cóż, możliwe i jest tam prawdopodobnie duże drzewo figowe.

- Zawsze to podejrzewałam, ale nigdy w to nie wierzyłam. Mój ojciec wychowywał się podczas Wielkiego Kryzysu i nigdy nie ufał bankom – powiedziała.

Pomyślałam sobie, że to jedna z najzabawniejszych rzeczy, żeby zagrzebać złoto na tyłach domu. Rozmawiamy tu o braku zaufania do banków...

Lorain powiedziała mi, że ona i jej brat próbowali przekonać matkę, że ojciec mógł coś takiego zrobić, ale ona opierała się temu pomysłowi. Mówiła:

- Jak mógłby to zrobić prosto pod moim nosem, a ja bym o tym nie wiedziała?

Przez swoją dumę zabroniła dzieciom kopać ziemię na tyłach domu. Myślę, że reakcja matki spowodowana była przez ojca, który zza grobu wkładał jej takie myśli do głowy. Nie chciał, żeby odkryła skarb. Wydawało się, że ojciec Lorain miał wiele przekory w stosunku do ich matki i próbował nią manipulować z zaświatów, żeby nie znalazła tego, czego on nie chciał. Nie miałam zamiaru spekulować na temat psychologicznego wymiaru związku rodziców Lorain. Starałam się tylko odpowiadać na pytania Lorain prosto i dotrzeć do najważniejszych punktów. Zostawiłam więc sprawę ojca nienawidzącego matkę Lorain. Ona sama była bardzo zadowolona z informacji, którą ode mnie otrzymała. Powiedziała, że nie może się doczekać, kiedy zadzwoni do brata i zabierze go do starego rodzinnego domu i zaczną kopać. Zrobiłam, co mogłam, żeby jak najdokładniej opisać miejsce na polanie. Lorain wstała i poszła dzwonić.

Pomyślałam: „Cholera, mam nadzieję, że się nie mylę, a jeśli się mylę, to i tak będzie super, bo wtedy będę mogła skończyć te głupoty i wrócić do bycia normalną.".

Nie było mi to jednak pisane. Kilka dni później Lorain zadzwoniła do mnie z informacją, że znalazła złoto. Jej brat poszedł bezpośrednio w miejsce, o którym powiedziałam i zaczął kopać. Było tam ponad milion dolarów w złotych monetach i banknotach. Pomyślałam sobie: „Kurcze blade. Zaraz się rozpłaczę. To ja to zrobiłam? Nieprawdopodobne.". Byłam w szoku i sama temu niedowierzałam.

Podsumowując, Lorain nie posiadała się ze szczęścia, a ja byłam bardzo z siebie zadowolona, kiedy ustąpił pierwszy szok. Śmieszne było to, że te rzeczy działy się na moich oczach, a ja nie mogłam w to uwierzyć. Całe szczęście, że jestem milutka, bo nie zawsze jestem mądra.

Robin

Robin była jedną z klientek mojego ojczyma, i ten wysłał ją do mnie. Zrobiłyśmy sesję przez telefon, ponieważ mieszka w Teksasie, a ja w Kalifornii.

Robin powiedziała, że jej matka jest bardzo chora, umierająca.

Powiedziała też, że matka zgodziła się na poprawki w jej testamencie i Robin zabrała dokument do poprawy. Po porannej rozmowie z matką, Robin wróciła do niej po południu.

Po dyskusjach i perswazjach trwających godzinami, Robin wyszła z domu matki całkowicie zakłopotana, bez podpisanego testamentu.

Rozmawiała z matką następnego dnia rano i matka zapytała, dlaczego Robin nie przyszła do niej, jak wcześniej obiecała. To bardzo zdziwiło Robin. Z tego, co było jej wiadomo, matka nie miała Alzheimera i nie miała pojęcia, co tak naprawdę się stało.

Robin powiedziała, że przecież już u niej była i rozmawiały, ale jej matkę zdenerwowała cała ta rozmowa. Naprawdę nie pamiętała wizyty swojej córki poprzedniego popołudnia. Powiedziała jej ponownie, że podpisze testament.

Następnego dnia Robin przyszła do domu swojej matki po podpis na dokumencie i znowu go nie otrzymała.

Robin wystraszyła się stanem zdrowia psychicznego swojej matki i zadzwoniła do jej lekarza. Lekarz powiedział, że nie zauważył żadnych tego typu nieprawidłowości, ale przyjrzy się temu przy okazji swojej następnej wizyty.

Robin zaczęła myśleć, że jej matka traci zmysły, ale przyśnił się jej sen.

Śniło się jej, że siedzi w pokoju gościnnym matki z nią samą, ale tak naprawdę były tam trzy jej matki. Nie wyglądały jak ona, ale Robin wiedziała, że nią są. Zapamiętała, że jedna z nich powtarzała ciągle: „To ja jestem twoją matką, nie one.".

Następnego ranka po przebudzeniu Robin zadzwoniła natychmiast do mojego ojczyma, bo wiedziała, że jej matka ma więcej niż jedno istnienie w sobie.

Mój ojczym to potwierdził i zasugerował jej sesję ze mną.

Jak tylko Robin zaczęła mi o tym wszystkim mówić, miałam świadomość innych bytów, które krążyły wokół jej mamy.

Wyjaśniłam Robin, że jej mama nie postradała zmysłów, jej mama ma to, co mój ojczym i ja nazywamy „wielokrotni mieszkańcy", co oznacza więcej niż jednego ducha w danym ciele. To zdarza się częściej, niż mogłoby się wydawać. Kiedy ktoś ma problem z podjęciem decyzji, zawsze musi odwołać się do komitetu przesiadującego w jego głowie, bo jest tam wiele bytów, które podejmują różne decyzje w różnych sprawach. To również jest przyczyną, że ludzie zachowują się różnie w różnym czasie.

Dlatego, że to nie jest ten sam byt, mieszka tam ich kilka. Schizofrenia i choroba rozdwojenia jaźni są tego ekstremalnymi przypadkami. Spytałam Robin, czy zdarzało się już tak w przeszłości z jej matką w subtelniejszej formie. To znaczy, czy czasem jej mama wydaje się być całkiem inną osobą w innym czasie albo czy „zapomina" o rzeczach, które powinna wiedzieć? Robin z ociąganiem odpowiedziała:

- No cóż, tak naprawdę, to tak. Od czasu do czasu nawet żartowaliśmy z braćmi na temat osobowości naszej mamy. Czasem była najmilszą i najbardziej dbającą osobą, jaką można było sobie wyobrazić, a czasem była jakby całkowicie inną osobą. O Boże, myślałam, że to tylko nasze żarty... to bardzo dziwne...

Śmiałam się, a Robin siedziała po drugiej stronie telefonu trochę zbita z tropu. W końcu zapytała:

- Jak to możliwe?

Powiedziałam jej, że to nie jest rzadkością i zdarza się ludziom, którzy w pewnym momencie swojego życia nie chcą już na przykład żyć. Wówczas dzieje się tak, jakby postawili przed sobą wielki szyld z napisem „do wynajęcia", tak że inny byt może w nich wejść. I kiedy oryginalny posiadacz tego ciała nie zda sobie sprawy z tego, co się stało, może również zostać w tym ciele, jakby nic się nie stało. Ale naprawdę jest w ciele jeszcze inny byt, który podejmuje decyzje i kontaktuje się z ludźmi. Takie rzeczy dzieją się również w przypadku dużych wypadków, operacji lub innej traumy dotyczącej ludzkiego ciała. To pozwala innemu bytowi na pojawienie się w naszym ciele. Najczęściej zdarza się to wtedy, kiedy ktoś decyduje się, że musi uzyskać pomoc od innego stworzenia, robi to świadomie lub nieświadomie. Kiedy ktoś robi to nieświadomie, taki przypadek kończy się tym, że inne byty powodują jego życiem. I wszystko może być trochę pomieszane.

Wyjaśniłam Robin, że te pomyłki z testamentem nie były robione umyślnie. Mama Robin nie pamiętała o rozmowie na temat testamentu, dlatego że podczas tej rozmowy obecny był inny byt, który powodował tą częścią jej świadomości lub życia. Następnym razem, kiedy pojedzie do swojej mamy z prośbą o podpisanie testamentu, powinna poprosić ten byt, który chce go podpisać, żeby był obecny. Może o to poprosić w swojej głowie, nie musi robić tego na głos. Nic specjalnego, prosta prośba. W ten sposób otrzyma to, po co przyszła. Robin zapytała, czy jest jakiś sposób na wyczyszczenie tych bytów z jej mamy. Odpowiedziałam, że tak, możesz je wyczyścić, ale jeśli dana osoba ma jakieś zobowiązanie związane z tym bytem, wówczas niechętnie się go pozbywa. Zgłasza wtedy, że czuje, że chce pomocy takiego ducha, a on jej pomaga lub dotrzymuje w pewien sposób towarzystwa

I tak było w przypadku jej mamy i ducha. Mama Robin najprawdopodobniej miała byt, który zajmował się jej finansami. To brzmi dziwnie, ale tak się właśnie działo. Wszystko, co musiała zrobić jej mama to najprawdopodobniej zdecydować w pewnym momencie, że z jakiegoś powodu zajmowanie się pieniędzmi ją przerasta lub coś podobnego i voila! Inny byt mógł to robić.

Skończyłyśmy sesję z Robin, która była lekko zdziwiona, ale zdecydowana, żeby wykorzystać nową informację.

Powiedziała mi kilka dni później, że poszła do domu swojej matki i poprosiła byty, które zgodziły się podpisać dokumenty, żeby je podpisały i tak się właśnie stało.

Mała porada: kiedy masz do czynienia z kimś, kto jest bardzo trudny w dyskusji, poproś ten byt, który da ci najwięcej, o co prosisz, żeby był obecny. Dziwne, lecz prawdziwe.

W Klubie Country

Słoneczne Wybrzeże wschodniej Australii jest oszałamiającym zakątkiem świata, ze złotymi plażami rozciągającymi się kilometrami i czystą, niczym nie zakłóconą głębią kraju. Spędziłam tam trochę czasu na przestrzeni kilku lat i pewnego wieczoru poszłam z przyjaciółmi do klubu country z polem golfowym, nieopodal drogi o nazwie Murdering Creek Road (droga morderczej zatoczki). Wcale nie żartuję, tak naprawdę się nazywała. Możecie się domyślić, skąd pochodzi ta nazwa, mając na uwadze Aborygenów i dobrych starych Brytyjczyków (Anglio, bez obrazy, ale sama wiesz, co robiłaś).

Kiedy przyjechaliśmy na imprezę, słońce już zachodziło i pojawiła się lekka ciepła bryza. Wszyscy byli szczęśliwi, że się zobaczyli i zabawa właśnie się rozpoczynała.

Zaczęłam się czuć wspaniale, jak każdy z nas, ale kiedy nastąpiła noc, stawałam się coraz bardziej zła i paranoiczna. Nie miałam najmniejszego pojęcia, co się dzieje. Zaczęłam się czuć, jakby każdy był przeciw mnie i chciałam stamtąd uciekać. Miałam takie uczucie, że chce mi się płakać, ktokolwiek zaczynał rozmawiać ze mną i nie znając tego przyczyny, postanowiłam wyjść. Kiedy ruszyłam do wyjścia, dwie moje koleżanki przeszły obok i zapytały z udawanym aborygeńskim akcentem, czy przyłączę się do nich na papierosa. Nie chciałam palić, ale czułam się zmuszona, żeby wyjść.

Poszłyśmy więc na daleki koniec parkingu i usiadłyśmy pod eukaliptusem. Dziewczyny dalej żartowały używając ciężkiego udawanego aborygeńskiego akcentu i zaczęły spoglądać na mnie, bo przyglądałam im się oniemiała. Myślały, że się obraziłam z powodu ich żartów, ale to nie było to. Kiedy tak żartowały zrozumiałam wreszcie, co się dzieje z moim samopoczuciem. Były tam tysiące duchów Aborygenów stojących dookoła klubu. Nie wiem, dlaczego zajęło mi to tyle czasu, żeby ich zobaczyć. Jak tylko ich zauważyłam, naprzeciw mnie stanęło ich tylu, że ledwie widziałam koniec. Nie trzeba dodawać, że żaden z nich nie był szczęśliwy, co było dużą przyczyną mojego złego nastroju. Począwszy od tamtego wieczoru, mogłam świadomie identyfikować fakt, kiedy mam do czynienia z dużą liczbą duchów, przez to samopoczucie. Ten specyficznie paranoidalny, zrzędliwy nastrój był wczesnym znakiem ostrzegawczym. Zawsze coś oznaczał, kiedy coś się pojawiało lub zbliżało, a ja powinnam być tego bardziej świadoma. Gdybym się wtedy tak nie poczuła, nie wiedziałabym, że mam do czynienia z dużą grupą duchów. Nie jestem pewna, dlaczego ogarniało mnie to uczucie, kiedy miałam do czynienia z dużą liczbą duchów, ale tak się działo. Nauczyłam się rozpoznawać znaki, żeby lepiej wiedzieć, dokąd zmierzam.

Tak szybko, jak zauważyłam wszystkie te stojące duchy dookoła mnie, starające się, żebym je zobaczyła, powiedziałam im po prostu, że mogą odejść. I natychmiast zmienił się mój nastrój. Poczułam się lekko i radośnie, jakby odsunęła się ode mnie ciężka chmura.

Tak szybko, jak rozpoznałam, z czym mam do czynienia, byłam w stanie użyć prostego oczyszczenia i energia zmieniła się całkowicie. Uwielbiam to, kiedy rozpracowuję coś właśnie w taki sposób. I jest to niezwykłe, jak prawie niemożliwie łatwo można podejść do tego typu spraw. Wszystkiego, czego potrzebujemy to świadomość i narzędzia, żeby zmienić daną sytuację.

Odwiedziny Starego Przyjaciela Rodziny

Mary Wernicke, stara przyjaciółka rodziny, odegrała dużą rolę w moim życiu już od dzieciństwa. Była dla mnie jak babcia. Umarła ze starości, wcześniej spędzając ostatnie lata swojego życia w domu Garego. Pomagałam się nią opiekować aż do jej śmierci.

Bardzo cierpiała przez długi czas, więc poczuliśmy się i my, i Mary lżej, kiedy odeszła. Pewnego poranka, krótko po jej śmierci, sama w domu leżałam w łóżku. Nasz dom miał podłogę ze starych desek, które trzeszczały przy każdym kroku. Przyzwyczaiłam się do specyficznego odgłosu, jaki powstawał, kiedy w domu był duch. Usłyszałam, jakby ktoś się poruszał i to mnie trochę zdziwiło. Nie miałam problemu z duchami w moim życiu do tego momentu, ale od czasu do czasu zdarzało się, że przepływał przeze mnie strach. Dotyczyło to silnych duchów, które domagały się mojej totalnej uwagi.

Podążając za moją poradą, której udzieliłam wielu innym osobom, zmusiłam się do odrzucenia wszystkich barier związanych z duchami. I proszę, w drzwiach do sypialni pojawiła się głowa ducha Mary. Chwilę później siedziała na moim łóżku i kładła swoją rękę na mojej. Zapytała, jak się czuję i wysłała najbardziej opiekuńczą energię w moim kierunku. Pozwoliła mi poczuć, że jestem zauważona i pod totalną opieką.

Przebyła właśnie długą i pełną męki drogę do śmierci i przyszła, żeby zapytać, jak ja się czuję! Taką osobą była właśnie Mary za życia i po śmierci. Podziękowała mi za opiekę przed śmiercią. Powiedziała, że teraz opuści ten świat, tę rzeczywistość, w której żyjemy. Chciała się tylko ostatni raz pożegnać.

To była najpiękniejsza wymiana energii, pełna podziękowania, opieki i poszerzenia, po czym zniknęła tak szybko, jak się pojawiła. Cała wizyta trwała około dwóch minut. Wiem, że gdybym oparła się jej, bazując na moim strachu, zachowałabym się niesprawiedliwie i spowodowałabym, że jej odejście byłoby trudniejsze. Musiałaby starać się skomunikować bardziej i bardziej, żeby mi podziękować i powiedzieć do widzenia.

Innym aspektem opierania się jest zatrzymywanie kogoś, kto umiera. Jeśli trzymamy się jakiejś osoby i nie chcemy, żeby odeszła, powoduje to dużo trudności dla tego, który chce przejść do innego świata, przeszkadzają temu nasze myśli, emocje i uczucia.

W Jaki Sposób Duchy Mogą Nam Pomóc

Podczas Wielkiego Kryzysu, kiedy olbrzymia liczba ludzi żyła w nędzy, było też kilku ludzi, którzy skorzystali z tej sytuacji ekonomicznej i dorobili się pieniędzy. W świecie, gdzie wszyscy widzieli ekonomiczny krach, ludzie, którzy zgodzili się na posiadanie innego punktu widzenia, widzieli możliwości.

Adekwatnie do tego, są ludzie, którzy są w stanie popatrzeć na śmierć z innego punktu wiedzenia i otworzyć się na informację dostępną ponad tym, co myślimy, że jest rzeczywiste i dobre na tym świecie. Ci ludzie mogą użyć informacji, którą dostarczają im duchy, aby wykreować coś większego niż ludzie, którzy nie chcą mieć do tego dostępu.

Kiedyś mieszkałam w mieszkaniu, gdzie na piętrze miałam bardzo głośnych sąsiadów. Słuchali głośnej muzyki do późnej nocy. Prosiłam ich wielokrotnie o to, żeby ściszyli muzykę, ale nie robili tego, albo nie chcieli tego robić. Pewnej nocy, kiedy leżałam w łóżku, pomyślałam sobie, że zastosuję terapię szokową. Poprosiłam wszystkie duchy w mieszkaniu na górze, żeby wyłączyły tę muzykę. I dosłownie w tym samym momencie – bum! – muzyka się wyłączyła i nie wróciła do końca nocy.

Oczywiście myślałam na początku, że to „tylko przypadek". Następnej nocy muzyka znów grała głośno i pomyślałam, że poproszę moje przyjazne duchy o pomoc. Dokładnie tak jak poprzedniej nocy muzyka przestała grać momentalnie. Działo się tak przez kilka tygodni, dopóki nie naprawiono elektryczności w mieszkaniu moich sąsiadów. Ten fakt otworzył mi oczy (nie jestem pewna, co zepsuło elektryczność), a do mojej wiedzy dołączyła świadomość, że duchy nie są tylko wymysłem, że rzeczywiście tu egzystują współdzieląc z nami świat.

Od tego czasu zaczęłam prosić duchy o pomoc przy innych okazjach, czasem to działa a czasem nie. To czego ja chcę, to tylko moje życzenia, nie zawsze moja prośba jest uznana i uzyskuję natychmiastową odpowiedź. Niekiedy obecne są inne siły, które chcą, żeby rzeczy działy się inaczej niż „ja tego chcę". Im bardziej czegoś chcę, tym bardziej wiem, że to nie wydarzy się w sposób, w jaki sobie wymyśliłam. Wielka magia ukazuje się zazwyczaj wtedy, kiedy porzucam moje logiczne myślenie. Kiedy jesteśmy w stanie poprosić o pomoc bez emocjonalnego/ energetycznego wymyślania, jak to miałoby wyglądać, wtedy uzyskujemy najwięcej.

Innym przykładem, w jaki sposób duchy mogą nam pomagać, jest przykład z filmu „Szósty zmysł" z Brucem Willisem. W tym filmie młody chłopczyk ma dar widzenia duchów, które umarły w większości przypadków w najbardziej okrutnych okolicznościach. Oczywiście wszystko jest pokazane z hollywoodzką dramaturgią i bardzo przejmującą muzyką.

Na początku filmu widzimy postać graną przez Bruce'a Willisa (który jest psychologiem dziecięcym) i małego chłopca. Niedługo potem dowiadujemy się, że chłopiec ma niezwykłą właściwość widzenia „zmarłych" i przez większość czasu jest z tego powodu nieszczęśliwy. Stary dobry Bruce zaczyna się zastanawiać, w jaki sposób mu pomóc. Oczywiście na początku nie wierzy w to, że chłopiec widzi „zmarłych", ale w końcu zaczyna zdawać sobie sprawę, że chłopiec naprawdę ich widzi. Bruce, czerpiąc ze swojej przepastnej wiedzy, zaczyna zachęcać chłopca, żeby rozmawiając z duchami zapytał, czego potrzebują. Z chwilą, kiedy chłopiec zaczyna świadomie im pomagać, jego życie zmienia się na lepsze. To pozwala mu na uzyskanie większej przestrzeni i lepszą komunikację z nimi. Na końcu dowiadujemy się, że postać grana przez Bruce'a Willisa jest duchem. Gdyby chłopiec odmówił słuchania duchów, straciłby też możliwość uzyskania pomocy od niego.

Mam nadzieję, że teraz rozumiecie, co mam na myśli. Nie trzeba bać się duchów. Twoja świadomość w stosunku do duchów jest źródłem, z którego możesz czerpać, aby wzbogacić życie swoje i ludzi dookoła ciebie.

Jakby to wyglądało, gdybyśmy ogarnęli moc odczuwania ponad nasze pięć zmysłów i sięgnęli do źródła nieograniczonych możliwości energii?

Większość ludzi, którzy przychodzą do mnie na konsultacje ma dwa pytania: „Czy mam duchy dookoła siebie?" i „Co one mówią?".

Znalezienie odpowiedzi na pytanie, co duchy mają do powiedzenia, może być bardzo ważne i może być jednocześnie małym kawałkiem wielkiego tortu.

Komunikowanie się z duchami i słuchanie tego, co mają do powiedzenia, na przykład uzyskiwanie konkretnych informacji, może być bardzo uspokajające i ważne, ale moim zdaniem, jest to tylko niewielka część tego, co tak naprawdę jest możliwe. Ludzie ignorują inną energię, która pochodzi od duchów, bo nie spotyka się ona z ich oczekiwaniami o świecie. Ludzie mogą stracić tak wiele, kiedy oczekują od rozmowy z duchami, że będzie podobna do tej, jaką prowadzimy z istnieniami w ciele.

Komunikacja z duchami wymaga całkowicie innego mięśnia niż ten, którego używasz do rozmów z ludźmi. Nie możesz użyć mięśnia w swoim ciele, który wygina się w poziomie do wyginania się w pionie. Nie możesz komunikować się z duchami w ten sam sposób, w jaki komunikujesz się z ludźmi. To bardzo duża część niezadowolenia i złości, którą mają ludzie, kiedy starają się rozmawiać z duchami. Myślą, że nie mogą tego zrobić, ale rzeczywiście starają się podnieść sztangę za pomocą swojego ucha. Co innego, gdyby użyli do tego rąk. Komunikacja z duchami jest dużo bardziej przestrzenna i energetyczna niż komunikacja z ludźmi. Dlatego też komunikacja z bytami może ci dostarczyć dostępu do większej przestrzeni i spokoju. Otwarcie się na tę przestrzeń może być terapią i uzdrowieniem. Zarówno dla nas po tej stronie, jak i dla innych po tamtej stronie. Czasem nie chodzi o wiadomość, jaką przynosi ze sobą duch, ale o energię, którą chce przekazać.

To jak doświadczanie podmuchu wiatru, a nie staranie się zrozumieć, co miał na myśli wiatr, kiedy na ciebie powiał. Większa część tortu to chęć otrzymywania tego, co duchy mają do zaoferowania. Natura nie ma logicznych myśli czy racjonalnych pomysłów do zaoferowania. Natura daje nam poczucie spokoju i przestrzeni, poczucie uzdrowienia i wolności. Wiele duchów może być tym dla nas, jeśli otworzymy się na otrzymywanie. Duchy dają nam możliwość widzenia ponad to, co myślimy, że jest rzeczywistością. Pomagają nam w rozwoju mięśnia metafizycznego. Powodują, że zadajemy pytania do rzeczywistości i postrzegania jej w sposób, do którego jesteśmy przyzwyczajeni. Jedną z olbrzymich blokad, które powstrzymują nas przed otrzymywaniem jest strach przed duchami. Moim zdaniem ten wszechobecny strach przed duchami jest rezultatem prania naszego mózgu.

Wiem, że to brzmi ekstremalnie i nieprzyjemnie, ale prawdę mówiąc z tym mamy tu do czynienia. Ludzie nie mają pojęcia, dlaczego powinni się bać duchów, po prostu się ich boją. Nasz mózg jest naładowany wiadomościami z filmów, telewizji i innych mediów, informacjami od rodziny, przyjaciół lub tym, co mówi religia. Jeśli wierzysz we wszystkie okropności na temat duchów, które widziałeś w filmach, to znaczy, że również wierzysz w świętego Mikołaja i wielkanocnego króliczka? Rozumiesz o czym mówię? Jedynym problemem, jaki mamy z duchami, jest nasz brak świadomości, który wykazujemy w tej sytuacji. Jeśli staniesz się bardziej świadomy – duchy pojawią się na pewno. Jeśli prawdziwie chcesz być świadomym, komunikacja z duchami jest genialnym narzędziem, żeby to otrzymać. Rozmowa z bytami jest jak każde inne ćwiczenie.

Jeśli nie praktykowałeś, może być ciężkie i niekomfortowe na początku, ale im więcej ćwiczysz, tym jest bardziej przystępne. Będzie przyczyniało się coraz bardziej do twojego życia, jak każde inne ćwiczenie poprawiające zdrowie. Kiedy umiera ktoś z twojego otoczenia i ma nierozwiązane problemy, istnieje prawdopodobieństwo, że wróci do ciebie i będzie się starał je rozwiązać. Kiedy to zignorujesz i będziesz się temu opierać, nie spowodujesz, że odejdzie. Będzie się starał dotrzeć do ciebie za wszelką cenę, nieważne ile czasu i wcieleń mu to zajmie.

Postrzeganie, otrzymywanie, komunikowanie się i obecność z bytami może być tak prosta, jak powiew wiatru lub zanurzenie się w wodzie. Nie wymaga żadnego starania się. No, może nurkowanie w wodzie wymaga pewnych umiejętności, ale tak szybko, jak się nauczysz pływać, nie musisz o tym myśleć, po prostu to robisz.

Co by było, gdyby życie w naturalnej zgodzie z duchami było tak łatwe jak pogłaskanie się po piersi? I co mogłoby dodać do twojego życia, o czym nawet jeszcze nie śniłeś?

Byt, który
Spowodował Raka

Pewnego dnia przyszła do mnie Christine, okrąglutka czterdziestodwulatka, w sprawie swojej mamy. Powiedziała, że słyszała o mnie i była bardzo mnie ciekawa. Nie była ani nerwowa ani zakłopotana, pomimo faktu, że została niedawno zdiagnozowana, że ma raka piersi, dokładnie na taką samą chorobę umarła rok temu jej matka.

W momencie, kiedy Christine usiadła na mojej kanapie, natychmiast rozpoznałam i poczułam dookoła niej jej matkę. Christine wyglądała jak jej matka, chociaż była młodsza i szczęśliwsza.

Przeczuwała, że jej matka była z nią, ale chciała to potwierdzić. Jej matka nie tylko siedziała blisko niej, z potężną desperacją chciała się z nią skontaktować. Kiedy duch pragnie kontaktu z tobą, a ty nie słuchasz, nie możesz go wysłuchać lub nie wiesz, że go słuchasz, wówczas taki byt będzie próbował do ciebie dotrzeć bardziej inwazyjnie, zrobi wszystko, żeby zwrócić na siebie uwagę.

To może się objawiać w różny sposób. Byty mogą spowodować duże bóle głowy, pleców, kaszel, swędzenie, dreszcze, stres, niekontrolowane emocje i bóle brzucha. Co tylko można sobie wymyślić.

Dla Christine był to rak piersi, taka sama choroba, na którą umarła jej matka. Matka Christine tak bardzo chciała się z nią skontaktować, że przez jej bliskość Christine zduplikowała wibrację, w ten sam sposób, w jaki niektóre przedmioty wibrując wprawiają w wibrację inne. W jedności postrzegamy, wiemy, jesteśmy i otrzymujemy wszystko, myśli i odczucia, od ludzi i bytów, czy jesteśmy tego świadomi czy nie. Kiedy stoisz blisko kogoś w kolejce po zakupy, kto jest zły lub smutny, możesz natychmiast się tak samo poczuć myśląc, że to twoje emocje. Zamiast zapytać, do kogo one należą, wnioskujesz, że są twoje. Jesteśmy pod wpływem wszystkiego i każdego. I tak samo wpływamy na wszystko naszą energią.

Opowiadam tę historię, żeby zobrazować dynamiczny wpływ, który mają duchy, nawet jeśli pozbyły się swojego ciała. To nawet udowodnione naukowo, jeśli jesteś tym zainteresowany. Również teraz, kiedy czytasz te słowa, twoje ciało reaguje na to, co czytasz z poziomu energetycznych częstotliwości i chemii. Ty (kimkolwiek jesteś) oddziałujesz emocjami i myślami na swoje ciało, ciała innych ludzi, kanapę na której siedzisz, drzewo, na które patrzysz, ziemię i cały wszechświat. To może być nowość, jeśli żyłeś całe swoje życie w przekonaniu, że jesteś tylko małym człowieczkiem bez mocy i możliwości.

Gdyby wszyscy wiedzieli o tym, w jaki sposób mają wpływ na różne rzeczy, jak wyglądałby świat? Kiedy jesteś zdenerwowany, nie tylko niszczysz swoje ciało, przyczyniasz się również do zagłady ziemi. Mam nadzieję, że to każe ci się podwójnie zastanowić, kiedy wybierzesz złość i rozpacz. Wiem, że jest dużo powodów dla tego, jak się czujesz, ale czy to jest naprawdę warte destrukcji naszej planety? Z drugiej zaś strony, jeśli jesteś wdzięczny komuś lub czemuś, ten ktoś lub coś będzie czuł się lepiej. Masz moc. Jeśli nie czujesz się dobrze, powinieneś popatrzeć na myśli, które przelatują ci przez głowę i wybory, jakich dokonujesz w swoim życiu albo wybory, których dokonują inni dookoła ciebie, które ty odbierasz i krystalizujesz jak swoje w twoim ciele.

Christine właśnie to robiła. Duplikowała energię, której używała jej matka do wykreowania raka w swoim ciele. Kiedy pokazałam to Christine, była totalnie zaskoczona tym faktem. Następnie powiedziałam jej, co powinna zrobić, żeby to odwrócić, jeśli oczywiście tak chce. Zaczęłam od poinstruowania jej, żeby poprosiła matkę, żeby stanęła dalej od jej ciała.

Kiedy nie słuchamy duchów, one zbliżają się do nas coraz bardziej, jakby to pomagało w ich usłyszeniu. To tak, jakby wydzierać się na głuchą osobę. Nieważne, jak bardzo będziesz krzyczeć – nigdy cię nie usłyszą. Musisz więc znaleźć inną drogę do komunikacji. Język migowy lub słowo pisane. Jeśli masz problem z usłyszeniem bytów, które chcą się z tobą skomunikować, znajdź inną drogę, żeby ich wysłuchać. Spróbuj ich słuchać nie za pomocą uszu, ale za pomocą świadomości.

Jak tylko duch matki Christine oddalił się od jej ciała, ta poczuła się dużo lepiej. To również pokazało Christine, że ma wybór, że ma moc. Z tą przestrzenią, którą wykreowała między sobą i jej matką, Christine mogła zobaczyć swoją matkę przejrzyście.

Zaczęła dawać sobie pozwolenie na to, że jej matka jest obecna. Zachęcałam ją, żeby rozwinęła własną formę komunikacji ze swoją matką zamiast polegać na mnie. Używanie mnie jako wyroczni, zawsze mnie wkurzało.

Za każdym razem próbuję poprowadzić ludzi i pokazać im narzędzia, w jaki sposób komunikować się ze zmarłymi. Christine nie miała z tym problemu i zaczęła słyszeć i postrzegać jej mamę bardziej, niż to sobie wyobrażała. Zapytałam Christine, czy uważa, że ten rak piersi, który pojawił się w jej ciele, tak naprawdę może być rakiem jej matki. Mimo, że było to olbrzymim krokiem do zrobienia, przyznała, że tak – to jest możliwe. Poprzez moje wsparcie i zachętę, Christine zaczęła zauważać, jak bardzo duży wpływ na jej obecne życie miała jej matka. To było jak olśnienie, bo od śmierci matki czuła się kompletnie wyczerpana i zmęczona. Ta nowa świadomość była jak jasne światło. Wiedząc o tym, poprosiła jej matkę, żeby przestała to robić. A po tej prośbie jej matka uświadomiła sobie, co robiła. Wierzcie lub nie, jej matka nie miała żadnego pojęcia, jaki ma wpływ na ciało swojej córki.

Tylko dlatego, że ktoś jest duchem wcale nie znaczy, że jest mądrzejszy lub bardziej świadomy niż my.

Obie panie mogły coś wynieść z tego spotkania. Zapytałam Christine czy woli, żeby jej matka została czy odeszła. Mimo to, że Christine była już świadoma efektów pozostania jej matki przy niej, pragnienie zatrzymania matki przy sobie było naprawdę duże. Christine zdała sobie sprawę, że nieświadomie miała nadzieję, że matka nigdy jej nie opuści. Zapytałam jej matkę, czy chce zostać czy odejść i okazało się, że ona nie miała pojęcia, że mogłaby odejść i jeśli tak to dokąd.

Poinformowałam obie, że matka Christine niekoniecznie musi pójść dalej, ale może dokonać takiego wyboru, a ten zmieniłby na pewno dużo w ich życiu. Kiedy poczuje się, że jest gotowa na odejście, może dokonać takiego wyboru. Pokazałam matce Christine przestrzeń, w którą odchodziły inne byty. Jak to się mówi: „do światła". Okazało się, że wcześniej nawet tego nie zauważyła. Ta sesja nie odpowiedziała na pytania, otworzyła drogę do nowych możliwości. Pozostawiła Christine i ducha jej matki w stanie zaskoczenia. Christine zadzwoniła do mnie kilka dni później i poinformowała, że wraz z matką odnalazły spokój i jej matka odeszła. Wiedziałam, że to odejście jest dla niej trudne, ale jednocześnie poczułam, że Christine odetchnęła ze spokojem, że posiada własne życie.

Poprosiłam, żeby przed chemioterapią jeszcze raz sprawdziła stan „jej" raka piersi. Zgodziła się na to śmiejąc się z możliwości takiego sobie ot, zniknięcia raka. Poszła na kontrolę i voila! Rak zniknął. Nie żartuję.

Morał tej historii: jeśli masz problem, zapytaj do kogo to należy, bo to może wcale nie być nawet twoim problemem.

Nawiedzony Dom
w Szwecji

W 2005 roku byłam w Perth, w Australii. Prowadziłam tam warsztaty na temat świadomości i świata bytów. Uwielbiam pracować w Australii. Ludzie są bardzo otwarci i gotowi do otrzymania różnych wiadomości. Australijczycy są postrzegani jako ludzie szczęśliwi i lekkoduszni. Ich narodowe motto, to „nie ma problemu".

Miałam tego przedsmak, kiedy po raz pierwszy leciałam do Sydney. Samolot wpadł w ogromne turbulencje i spadł o 20 metrów. Wszyscy Amerykanie na pokładzie zaczęli wrzeszczeć ze strachu, a Australijczycy krzyknęli „Huuuuu... Huuuuu...". Pomyślałam sobie: „Kurczę, urodziłam się nie w tym kraju, co trzeba.".

Perth jest urokliwym miejscem, najbardziej odizolowanym miastem na świecie. Każdy dzień w tym mieście jest jak niedziela. Na moje warsztaty przyszło dużo tubylców i przesympatyczna para ze Szwecji: Brigitta i Peter. Brigitta podniosła rękę i zapytała mnie o jej dom na południu Szwecji, który był własnością jej matki i który próbowała sprzedać. Z jakiegoś nieznanego powodu, którego nie mogła pojąć, nikt tym domem nie był zainteresowany, mimo że znajdował się w bardzo dobrym miejscu. W momencie, kiedy się z nim połączyłam, wiedziałam, że jest nawiedzony. Czasem powodem, dla którego niektóre domy, mieszkania lub działki się nie sprzedają, mimo że są wystawione poniżej ich wartości, jest to, że są nawiedzone.

Widzieliście może kiedyś, jak sklep działa na niekorzyść swoich właścicieli? Nieważne, kto jest właścicielem, i tak straci na biznesie. Dzieje się tak dlatego, że to miejsce jest nawiedzone i byt, który tam przebywa wyrzuca najemców. Dom Brigitty należał do jej rodziny od początku XX wieku i nikt dawno już tam nie mieszkał. Zapytałam ludzi na warsztatach, czy chcieliby nauczyć się, jak oczyszczać nawiedzone domy i każdy był bardzo zainteresowany.

Zaczęłam pokazywać, jak to zrobić, ale ku mojemu zdziwieniu nie mogliśmy wyczyścić tego domu. Normalnie nie mam z tym problemu, ale nie tym razem. Nie miałam pojęcia, dlaczego tak się dzieje.

Powiedziałam żartując, że będę musiała fizycznie się tam zjawić, żeby oczyścić jej dom. Dwa tygodnie później wylądowałam w Kopenhadze w Danii i przechodziłam przez długi korytarz na lotnisku pokazując mój paszport i wyjaśniając kontroli celnej, że przyjechałam odwiedzić moich przyjaciół. Nie wspomniałam jednak o tym, że niektórzy z nich już nie żyją. Z lotnika przesiadłam się do pociągu, który zawiózł mnie przez cieśninę, która dzieli Danię ze Szwecją. Na następnym przystanku czekała na mnie uśmiechnięta Brigitta. Pojechałyśmy na obrzeża miejscowości Malmö, przez otwarte pola, świeżo zieleniejące pierwszymi wiosennymi roślinkami. Kierowałyśmy się do posiadłości, w której był usytuowany jej dom. Mimo, że wiedziałam, w jaki sposób podejdę do oczyszczania tego domu z duchów, nie miałam żadnych związanych z tym oczekiwań. Czy wszystkie zamieszkujące ten dom duchy będą chciały odejść? Czy dom się sprzeda po oczyszczeniu? I, czy oczywiście Brigitta otrzyma to, co chce otrzymać?

Mimo, że Brigitta bardzo chciała oczyścić dom z bytów, wiedziałam, że nie mogę dać gwarancji na to, że to się na pewno stanie. Tylko dlatego, że my chciałyśmy, żeby się tak stało nie znaczyło wcale, że one tego chciały. Mogłyśmy na przykład spotkać ducha, który miał zadanie strzeżenia domu i mógł wcale nie chcieć się nie pozbyć. Czasem można nakłonić byt, aby pozbył się pracy, którą wykonywał, a czasami nie. Zazwyczaj można świadomie poprowadzić takie rzeczy do końca.

Dom znajdował się na małej działce i otoczony był innymi budynkami mieszkalnymi. I jak to się dzieje z innymi starymi niezamieszkałymi domami, wyglądał smutno i samotnie. Oprócz głównego budynku, na działce obok była kamienna stodoła, z podłogą z cementu i pokojami na górze. Stodoła była używana do produkcji miodu, którą miała babcia Brigitty i to miejsce jako pierwsze przyciągnęło moją uwagę.

Od razu wiedziałam, że tam ktoś umarł. Kiedy duch osoby, która umarła, już dawno odszedł z tego miejsca, ja ciągle mogłam wyczuć, że tam ktoś umarł. Samo miejsce pamiętało to zdarzenie, tak jakby ktoś wysłał telegram, który otrzymałam w mojej głowie. Pomyślałam „czy ktoś jest tu pochowany?". Brigitta nie chciała najpierw opowiedzieć mi historii, która się zdarzyła w tym miejscu, bo pomyślała, że mnie wystraszy. Powiedziałam, że nieważne, czy opowie mi tę historię czy nie, ja i tak widziałam całe to zdarzenie, które się tam zadziało. Nie wiem, czy to błogosławieństwo, czy przekleństwo. Nie jestem pewna. Widziałam krew i złość. I nie jestem pewna, czy podświadomie nie blokowałam innych detali. Wypracowałam sposób pozwolenia na przeniknięcie dostatecznej liczby informacji, ale nie tyle, żeby siebie przestraszyć.

Czasem widząc ludzką śmierć i uczucia nazywam to procesem ZDI (za dużo informacji).

W tamtych czasach matka Brigitty i jej ciotka prowadziły biznes oparty na miodzie i jego produkcji i wykorzystywały do tego tę stodołę. Pożyczyły od znajomej kobiety ze wsi olbrzymią maszynę do produkcji miodu.

Pewnego dnia kobieta ta pojawiła się u nich i zażądała natychmiastowego zwrotu swojej maszyny. Urządzenie to było bardzo ciężkie i trzymane było na piętrze stodoły. O tej porze dnia w domu nie było żadnego. Matka i ciotka Brigitty próbowały przemówić tej kobiecie do rozsądku i prosiły, żeby poczekać, aż ktoś silniejszy się pojawi, żeby znieść maszynę na dół. Ta nie chciała tego słuchać. Powiedziała, że wszystkie trzy mogą z powodzeniem sprostać temu zadaniu. Kiedy kobiety próbowały znieść urządzenie na dół, jego właścicielka poślizgnęła się na schodach, uderzyła głową o betonową posadzkę i wykrwawiła się na śmierć. Jej duch dawno odszedł z tego świata, to świadomość budynku przekazywała mi tę informację, nie duch tej kobiety.

Ponieważ nie było tam już do czyszczenia żadnych bytów związanych z tym wydarzeniem, przeszłyśmy do domu. Zaczęłyśmy od korytarza i małego pokoju oraz saloniku po drugiej stronie. Pokazywałam Brigitcie, w jaki sposób używać narzędzi, żeby zauważyć byty, wyczyścić je i po czym poznać, że opuściły to miejsce. Była bardzo tym faktem podekscytowana. Poprosiłam, żeby zaufała swoim instynktom i tak zaczęłyśmy.

Pokazała mi lewą stronę pokoju i rzeczywiście, stał tam byt. Poinstruowałam ją, żeby użyła prostych pytań oczyszczających i pufffffff!!! Byt odszedł. W tym przypadku nie musiałyśmy rozmawiać z duchem ani nawet zadawać dodatkowych pytań. Jak tylko zauważyłyśmy, że tam jest, użyłyśmy prostych narzędzi i duch odszedł. Podniecone tym faktem, poszłyśmy dalej. Wyczyściłyśmy kilka bytów w korytarzu i małym pokoju i przeszłyśmy do dalszej części domu.

Weszłyśmy do pierwszego gościnnego pokoju i zauważyłyśmy silniejszego ducha, niż wszystkie pozostałe do tej pory. Obecność jego była bardziej namacalna. Wiedziałam, że pokażę Brigitcie coś bardziej interesującego, ale poprosiłam ją o zanalizowanie sytuacji, zanim opowiem jej, co zauważyłam. Brigitta natychmiast wskazała na duży fotel, na którym siedział byt. Była to siedmio- może ośmioletnia dziewczynka o włosach blond.

Miała na sobie krótką białą sukienkę, która była modna w latach 30-tych XX wieku. Była czymś bardzo zaaferowana, chociaż wydawało się, że nie zdaje sobie sprawy czym. Próbowałyśmy ją oczyścić, ale bezskutecznie. Zapytałam ducha dziewczynki, czy chce zostać, czy opuścić ten dom i odpowiedziała mi, że bardzo chciałaby to zrobić, ale nie ma pozwolenia na jego opuszczenie. Kiedy powiedziałam o tym Brigitcie, ta stwierdziła „to bardzo dziwne". Zabrała mnie do pokoju, w którym była fotografia małej dziewczynki z lat 30-tych. Brigitta przeszukała szuflady i pokazała zdjęcie tej dziewczynki z pokoju gościnnego, w trumnie. Dziewczynka była daleką kuzynką Brigitty, umarła w młodym wieku z powodu gorączki i jej pogrzeb był zorganizowany w tym domu. To wyjaśniało, dlaczego dziewczynka się tu znajdowała, ale nie wyjaśniało z jakiego powodu nie mogła stąd odejść. Nic, czego próbowałam, nie mogło wyczyścić tego ducha, skierowałyśmy się więc do jadalni.

Zapytałam Brigittę, od czego chciałaby zacząć, a ona natychmiast wskazała dużą mahoniową szafkę w rogu. Zaczęłyśmy zadawać pytania dotyczące czyszczenia bytów, ale energia wokół szafki nie drgnęła. Musiałyśmy zagłębić się w to i okazało się, że jest to portal. Zapytałyśmy obie: czy jest to portal? I obie dostałyśmy pozytywną odpowiedź.

A tak na marginesie: jeśli do tej pory nie wiedziałeś, że ta książka jest dziwna, możesz właśnie to zacząć zauważać. Portale to drzwi lub okna, przez które duchy przemieszczają się z tej rzeczywistości w inną rzeczywistość, z tego świata do innego.

Jeśli nie wierzysz w wiele światów i przestrzeni, to wiedz, że nauka już to udowodniła. Zarówno miejsce jak i osoba mogą być portalem, tak jak w Lwie, Czarownicy i Garderobie z „Opowieści z Narnii". Zamykanie portali jest zazwyczaj proste i może dokonać dużych zmian w ludzkim życiu oraz przestrzeni. Normalnie prosisz portal, żeby się zamknął i zwykle się tak dzieje. Mogą być one wzmacniane przez strzegące ich duchy. Jeśli trafisz na taki przypadek, nie możesz zamknąć portalu, dopóki nie odprowadzisz/wyczyścisz ducha go strzegącego.

W tym przypadku próbowałyśmy zamknąć portal w szafce bez skutku. Zajęło mi chwilę, żeby połączyć dwa fakty. Duch dziewczynki był zarządcą tego portalu. Zapytałam ją, czy ciągle chce wykonywać tę pracę i odpowiedziała, że nie. Wszystko, co musiałam zrobić, to powiedzieć jej, że zrobiła kawał dobrej roboty i jest wolna. Może odejść. I nagle pufffff! I odeszła. Razem z portalem. To interesujące, jak dużo zmian możesz dokonać bez wysiłku, kiedy myślisz wykraczając poza tę rzeczywistość. Spójrz, jak dużo ludzi wykonuje ciężką pracę zmieniając niektóre aspekty swojego życia, jak związki, ciało i problemy z pieniędzmi, kiedy nie zwraca uwagi na to, że przyczyną problemów mogą być duchy .

Z jadalni przeniosłyśmy się do kuchni, skąd wydobywała się energia. W kuchni były drzwi prowadzące na tył domu, do schowka oraz dwie pary drzwi do innych dużych pokoi. Kuchnia była ośrodkiem życia całej rodziny. Energia tej rodziny ciągle znajdowała się w kuchni. Czuło się tam tak, jak na zatłoczonej stacji metra w Nowym Jorku. Czułam tę energię, ale nie powiedziałam o tym Brigitcie. Czekałam aż sama to zauważy.

- Gdzie zaczniemy w tym pomieszczeniu? - zapytałam.

Wyczyściłyśmy kilka różnych energii i wtedy zobaczyła coś, co zmieniło jej życie na zawsze. Do tego momentu Brigitta w swoim życiu nie widziała świadomie żadnego ducha. To normalne dla ludzi, chociaż czasem ktoś zobaczy jakiś znak, twarz zmarłej ukochanej osoby, zanim zamknie swoją świadomość i odbiór, zanurzając się w strachu i niewierze.

Brigitta stała jak zaczarowana z otwartymi ustami i wytrzeszczonymi oczami. Popatrzyła na mnie w spokoju i stwierdziła, że właśnie zobaczyła swoją zmarłą ciotkę.

- Zawsze gotowała dla całej rodziny na specjalne okazje. Och, to ma sens! Właśnie przechodzi ze schowka do piekarnika!

Brigitta była w szoku i poprosiła, żebym potwierdziła, że również to widzę. Nie mogłam temu zaprzeczyć, że w całej swojej świadomości widziała ducha. Chociaż dla mnie to chleb powszedni, wiem, że niekiedy ludzie totalnie przez to panikują. Świadomość i wyczucie Brigitty budziły się i powiększały. Poprosiła o to, a wiesz, że: „Poproś, a będzie ci dane".

Była całkowicie zaskoczona, że widzi w tak dokładny sposób swoją ciotkę. Zobaczyłam możliwość otworzenia świadomości Brigitty jeszcze bardziej i zaproponowałam, żeby porozmawiały. Wyjaśniłam Brigitcie, że duchy nie zawsze wiedzą, że nie żyją i nie wiedzą, co robią. Powiedziałam, że często muszę informować duchy, że nie żyją i że mają wybór, żeby odejść.

- Wiesz, że nie żyjesz? – zapytała Brigitta.

- Oczywiście, kochanie – odpowiedziała ciocia. - To, co tu robisz? – zapytałyśmy.

- Gotuję.

- Dla kogo?

Po tym pytaniu w przestrzeni ciotki Brigitty pojawiła się czerwona żarówka.

Nie zadawała sobie nawet sprawy z tego pytania, nie zdawała sobie sprawy, że nie ma nikogo, dla kogo miałaby gotować. Takie rzeczy zdarzają się często, kiedy ktoś identyfikuje siebie z jakimś zadaniem, konkretną czynnością. Wydaje się, że nie mają wyboru, żeby zrobić coś innego. Robią ciągle to samo, nawet kiedy umierają. Jak może być jeszcze dziwniej?

Dziwne jest to, jak bardzo ludzie wierzą w to, że kiedy umrą, stają się czymś wspanialszym. To nieprawda. Duchy ciągle odgrywają swoje role, które odgrywały w życiu, tak jakby nigdy nic się nie wydarzyło. Brigitta i ja stałyśmy się wibracją, która zaprosiła jej ciotkę do zdecydowania się, żeby odejść, co rzeczywiście uczyniła.

Stanie się wibracją różni się od prowadzenia rozmowy z duchem. Rozmowa z kimś, kto ma ciało trwa zazwyczaj dłużej.

Duchy komunikują się bardzo szybko. Przekazują swoją wiadomość w jednej dużej paczce, nie używają zdań złożonych ze słów, jak my to robimy. To dlatego, że nie doświadczają czasu i przestrzeni w ten sam sposób, w jaki my to robimy. Przed tym zanim skończysz swoją myśl, one już odpowiadają. Możesz wymieniać dużo informacji z bytami w ułamku sekundy, nie musisz tracić czasu na formułowanie słów. Tak więc razem z Brigitta zaprosiłyśmy jej ciotkę do odejścia – naszą wibracją – nie używając słów, tylko wibrując i pokazując inne możliwości.

Myślę, że taka komunikacja jest prostsza. Możesz dużo z niej stracić, kiedy zwalniasz do poziomu normalnej rozmowy.

Rozmawiając z duchem musisz użyć telepatii. Duchy przekazują mi obrazy i emocje w jednym. To muszę odszyfrować. Jeśli widziałeś film "Matrix" wiesz, co oznacza załadowanie informacji. Dzieje się to wtedy, kiedy otrzymujesz informację natychmiast. Czy kiedykolwiek czułeś drżenie lub coś w rodzaju porażenia prądem albo drżenie energii, która przepływała ci przez ciało niekontrolowanie? To jak ściąganie pliku. Przychodzi i odchodzi bardzo szybko. Jeśli chodzi o duchy, nauczyłam się zwalniać ten przepływ i dowiadywać się, co tak naprawdę chcą mi przekazać. Żeby to zrobić musisz być świadomy i czujny. Niekiedy komunikacja jest bardzo subtelna, a niekiedy bardzo detaliczna i intensywna.

Żeby ją otrzymać, musisz przede wszystkim zaufać sobie. Zaufanie sobie i wiara w to, że tego nie wymyślasz i nie zwariowałeś jest bardzo ważne.

Kiedy wraz z Brigitta stwierdziłyśmy, że to nas satysfakcjonuje, przeszłyśmy do innych pokoi czyszcząc inne byty. Pod koniec naszej drogi, kręciło się nam w głowach od lekkości i przestrzeni, którą utworzyłyśmy w tym pierwotnie „zamieszkałym" przez byty domu. Wówczas wróciłyśmy do stodoły, żeby sprawdzić czy nie pozostały tam jakieś byty i stwierdziłyśmy, że jeśli jakiekolwiek tam były, to już odeszły. Tak dużo przestrzeni i poruszenia energii dokonałyśmy w domu, że byty ze stodoły odeszły natychmiast.

Oczyszczanie domów z duchów może być proste lub może wymagać od nas dużo pracy, ale zawsze jest dobrym przykładem nauczania o bytach. Zawsze jestem zaskoczona jedyną w swoim rodzaju sytuacją. Nie ma jednego i jedynego sposobu na czyszczenie duchów. Przynajmniej ja go nie znalazłam. Ale jest tak dużo dziwnych rzeczy na całym świecie, do których nie miałabym dostępu, gdybym nie rozmawiała z duchami. Ktokolwiek powiedział, że magia jest nieprawdziwa był kompletnym głupkiem.

Pomagam Siostrze W Tę Straszną Noc

Moją młodszą siostrę Grace nazywamy w naszej rodzinie: "Marilyn Munster." Śmiejemy się z tego, że wszyscy jesteśmy trochę odlotowi, kiedy Grace jest zupełnie normalna. Jest grzeczna, miła i kochana. Urodziła się blondynką, chociaż wszyscy z nas mamy ciemne, prawie czarne włosy. Jest najmłodszą z rodzeństwa i trzyma razem całą rodzinę.

Grace zawsze wydawała się, albo udawała że jest „normalna", jednocześnie wierząc we wszystkie te „dziwne" rzeczy jak duchy, świadomość i podobne dziwaczności. Zawsze w to wierzyła, ale nigdy nie rozmawiała o tym wprost. Pozwoliła nam - jej rodzeństwu i rodzicom - rozmawiać z kimkolwiek, kogo napotkają na swojej drodze o tego rodzaju dziwnych rzeczach dziejących się we wszechświecie. Grace przedkładała nad to słodki uśmiech i pozwalała ludziom na doświadczanie wszystkiego, czego dotyczył aktualny temat.

Ale przyszedł moment, kiedy Grace nie mogła już dłużej uciekać przed czymś, czego doświadczała jej starsza siostra.

Pewnego letniego dnia, kiedy mieszkałam w San Francisco, obudził mnie o drugiej nad ranem sms od Grace, która przebywała wtedy w Santa Barbara. Brzmiał „Shannon, kiedy wracasz do domu?". Gary wyjechał i z własnego doświadczenia wiedziałam, że jego dom położony w pobliżu starej Hiszpańskiej Misji w Santa Barbara miewał gości z zaświatów. Pochowano tam wielu Hiszpanów i Indian, którzy budowali misję w 1786 roku.

Dodatkowo, wydawało się, że Gary przyciąga duchy, a sam nie ma żadnego punktu widzenia na temat wspólnego zamieszkiwania z nimi. Kilka lat temu, kiedy spałam w jego domu, prawie się przekręciłam przez to, ile duchów odwiedzało i przemieszczało się przez dom Garego. Był tam nieustający potok duchów, które przemierzały pokój, nie wspominając o gościu, który stał blisko mojego łóżka i nie przestawał mówić. Następnego ranka zapytałam Garego:

- Jak ty możesz spać w tym domu? Tam jest tyle bytów! - Dlaczego chcesz to wiedzieć? – zapytał Gary.

- Nie przeszkadzają Ci?

- Nie nadaję temu znaczenia po prostu.

To była dla mnie nowa perspektywa patrzenia na takie rzeczy.

Kiedy więc usłyszałam, że Grace nie może spać, wiedziałam dokładnie, czego doświadcza. Wiedziałam, że nie jest to tylko jej wyobraźnia. Zadzwoniłam następnego ranka, żeby się dowiedzieć, co się stało w nocy i zapytać, czy mogę jej w czymś pomóc. Powiedziała, że obudziła się przerażona i spocona. I ponieważ nie mogła nikogo złapać przez telefon, rozbudzała się oglądając telewizję do godziny 6 rano. Jak tylko zaczęło widnieć, usnęła.

Zapytałam, czy to co przeżyła jest związane z duchami. Wiedziałam, że tak jest, ale zadając jej to pytanie zmusiłam ją do wypowiedzenia tego głośno. Zapytałam, czy zechciałaby zobaczyć, w jaki sposób można z nimi postępować.

- Tak – odpowiedziała, nie do końca pewna, czy chce mieć z tym do czynienia, ale po tej nocy musiała się dowiedzieć.

Ja również wiedziałam, że nasunęła mi się możliwość pomocy i pokazania jej, w jaki sposób postępować z duchami.

Poprosiłam, żeby usiadła i dostroiła swoją energię. Robiąc to, po prostu mówiła duchom tak, aby energia swobodnie przepływała między nimi. To połączenie działa tak samo, kiedy jesteś na plaży lub w górach i czujesz tę wibrację wody i gór. Pozwalasz, żeby to miejsce na ciebie oddziaływało i zanurzasz się w nim. Na dobry początek nic o tym nie mówisz, tylko jesteś obecny .

- Dobra, co teraz czujesz?

- Kręci mi się w głowie.

- Super! – powiedziałam – Kontynuuj, bądź obecna.

To kręcenie się w głowie spowodowane było odrzuceniem barier, które wcześniej wzniosła przed duchami. Pozwolenie sobie na to kręcenie się w głowie oznaczało odrzucanie barier przed tym, przed czym się broniła całą noc. Po prostu otwieramy drogę świadomości, żeby mogła się przez nie prześlizgnąć.

Grace, jak większość ludzi świadomie czy nieświadomie postawiła bariery, jak tylko pojawiły się duchy. To kręcenie się w głowie było rezultatem otwierania się większej przestrzeni, w czasie kiedy odrzucała bariery. Świadomość odczuwa się jako przestrzeń i to może powodować zawroty głowy. Wiele ludzi myśli, że to coś złego, ale wcale tak nie jest. Zauważcie proszę, że poprosiłam ją tylko o dostrojenie się do duchów, nie widziała żadnych obrazów, ani nie słyszała dźwięków. Ukazało się to jako zawrót głowy. To duchy próbowały się z nią skomunikować. Duża część mojej pracy z duchami polega na kontakcie pozawerbalnym. Zwrócenie tylko uwagi na daną energię czy ducha, uruchomi już proces zmian. Obie strony muszą być w to zaangażowane, powinniśmy być wyczuleni na najbardziej subtelne znaki.

Czyli najpierw byłyśmy z tym obecne, żeby energia pokazała nam następny krok.

Pytania, które zadałam Grace na początku otworzyły nas na energię bycia obecnymi z duchami. Dla większości ludzi ten przepływ energii jest tak subtelny, że nawet nie zwracają na niego uwagi. Kiedy się praktykuje, można zacząć wyczuwać subtelność, rytm i przepływanie energii. Z tym rodzajem wrażliwości, telepatyczna i ponadzmysłowa komunikacja z bytami jest lepiej pojmowana i odbierana.

- Genialnie! – powiedziałam – To twój pierwszy krok do komunikacji z bytami. To wcale nie znaczy, że usłyszysz słowa lub myśli, ale skomunikowałaś się z nimi energetycznie.

- Tego właśnie chciały? – zapytała.

- Tak.

- Kurczę, to było łatwiejsze niż myślałam.

W tym przypadku Grace komunikowała się z duchami bez użycia słów i przede wszystkim bez użycia jej rozumu. Odkryłam, że komunikowanie się z nieposiadającymi ciała osobnikami polega w 10% na komunikacji werbalnej i w 90% na komunikacji niewerbalnej.

Ludzie myślą, że nie mogą się kontaktować z duchami, bo ich nie „słyszą" albo nie „widzą". Taki sposób rozumowania otępia i ogranicza to, co może się pojawić. Jeśli zauważysz energię i świadomość, która się pojawia i nie próbujesz sobie tego logicznie wytłumaczyć, komunikacja z duchami staje się prostsza.

- Jak wiele duchów jest teraz z tobą? – zapytałam siostrę.

Czułam, jak się waha i poprosiłam ją:

- Czy teraz zniszczysz i odkreujesz wszystkie punkty widzenia, jakie posiadasz na temat tego, że takie rzeczy ci się nie zdarzają i tak naprawdę nie potrafisz sobie z nimi poradzić?

- Tak – odpowiedziała.

- Jak wiele duchów jest teraz z tobą? – zapytałam znowu. - Olbrzymie ilości.

- Chcą rozmawiać z tobą, czy z kimś innym?

- Z kimś innym.

Odpowiedziałam:

- Nawet jeśli to, co mają do przekazania, nie jest przeznaczone dla ciebie, wiedzą, że je słyszysz. Dlatego przyszły do ciebie. Jeśli przyjmiesz tę ich informację, energetycznie podzielą się nią z tobą, albo załadują ją w ciebie. Nie musisz wcale usłyszeć tej wiadomości, musisz być tylko świadoma tej energii. Kiedy osoba, do której ta informacja jest skierowana spotka ciebie na ulicy, przejedzie obok ciebie samochodem lub uściśnie ci dłoń albo zwyczajnie przejdzie obok ciebie, ta komunikacja od ducha spłynie na nią. Tym samym stajemy się przekaźnikiem przepływu i wymiany energii. W ten sposób doświadczamy lekkości.

Jak tylko Grace zdała sobie sprawę z tego, jak łatwo jest się komunikować z duchami, doznała głębokiego spokoju. Myślała, że będzie musiała je zrozumieć logicznie. Ta komunikacja jest jedną z wielu dróg rozmawiania z duchami, nie jedyną.

Słyszałam myśli Grace, kiedy próbowała zrozumieć, w jaki sposób to zmieni jej życie. Widząc możliwości dla większej efektywności tego ćwiczenia zapytałam:

- Możesz rozmawiać z całą grupą na raz?

- Tak.

- Z jak dużą grupą możesz rozmawiać, większą niż dziesięciu czy mniejszą?

- Coś około pięciu lub sześciu – odpowiedziała.

- Super, zabierzmy się za pięciu.

Poprosiłam ją, żeby się do nich dostroiła i pozwoliła pierwszym pięciu duchom załadować w nią informację. Wyjaśniłam, że takie doładowanie dzieje się wówczas, kiedy wyłączamy nasz rozum i pozwalamy sobie na uzyskanie informacji energetycznej.

Możemy to poczuć od lekkiego muśnięcia i drżenia po wyładowanie jak przy porażeniu prądem w naszym ciele. Grace zaczęła otrzymywać informację od duchów i obie zauważałyśmy moment, jak jeden z nich skończył ją przesyłać i drugi zaczynał, do tej pory aż zakończyło się przekazywanie przez wszystkich pięciu. Cały proces trwał chwilę. Przeszłyśmy jeszcze przez kilka takich grup i wszystko poszło bardzo lekko i sprawnie.

Miała wokół siebie tak dużo duchów, bo wiedziały, że Grace je wyczuwa i jest na nie otwarta, kiedy inni ludzie nie są. Wiedziała jak im pomóc, chociaż sama do końca tego nie rozumiała. Obie zauważyłyśmy, że zaczęłyśmy docierać do czegoś bardziej skupionego. Grace, która przez cały czas trwania procesu była zrelaksowana, zaczęła panikować i powiedziała mi o tym. Kiedy na to spojrzałam, „widziałam", że zbliżamy się do ducha, który ma do przekazania coś personalnego dla Grace.

- Słyszysz, co do ciebie mówi? – zapytałam.

Założyłam mój kapelusz detektywa i zaczęłam zadawać pytania, żebyśmy miały więcej jasności o tym, co się dzieje z tym bytem. Zaczęłam:

- Czy ten duch chce dostać ciało, czy to coś zupełnie innego?

- On chce ciała – odpowiedziała Grace.

Natychmiast zaczął ją boleć brzuch i dostałyśmy obraz, że duch chce zostać dzieckiem Grace.

- Czy on chce zostać twoim dzieckiem? - Tak.

Więc zadałam to oczywiste **Pytanie:**

- A chcesz mieć dziecko?

- Nie, nie i jeszcze raz nie – brzmiała odpowiedź.

- Powiedz mu: nie jestem w ciąży i nie planuję być w ciąży w najbliższej przyszłości. Jeśli chcesz dostać ciało, musisz znaleźć kogoś innego, kto ci w tym pomoże.

Wydawało się, że nie odnosimy z tym sukcesu. To znaczyło, że jest gdzieś między nimi związek, który Grace podświadomie kreowała. Może przysięgła albo przyrzekła w poprzednim wcieleniu temu duchowi coś takiego jak: „Będę się tobą opiekować na zawsze.", „Będę cię zawsze kochać.", „Zawsze będę z tobą.".

Bardzo często tego doświadczam. Wielu ludzi ma przy sobie duchy, które są z nimi na skutek przyrzeczeń, które uczynili w poprzednich wcieleniach. Dokładnie tak, jak podczas ślubu, kiedy mówisz „dopóki śmierć nas nie rozłączy", ale czy jako nieograniczona istota, kiedykolwiek tak naprawdę umierasz? Z tego, co mi wiadomo, możemy jako forma ducha być przyczepionym do kogoś albo opętywać kogoś z innego wymiaru tylko dlatego, że kiedyś to przyrzekliśmy.

Duch był tu obecny i czekał, aż Grace się nim zajmie, jak mu wcześniej obiecała. Jedynym problemem był tylko fakt, że Grace całkowicie zapomniała o swojej przysiędze i nie miała zamiaru na chwilę obecną jej wypełniać. Zapytałam ją:

- Czy zniszczysz wszystkie przysięgi, przyrzeczenia, zaprzysiężenia, przywiązania i wiążące umowy, jakie masz w stosunku do tego ducha? Każdą decyzję i zobowiązania, które zostały zaprzysiężone w innych wcieleniach lub wymiarach, czasach i przestrzeniach można w ten sposób anulować.

- Tak!

I ciągle energia nie chciała się zmienić!

Zapytałam więc ducha czy zniszczy wszystkie przysięgi itd.

- Tak – odpowiedział jak cień na mojej świadomości.

Energia stała się lżejsza, co zapoczątkowało zmianę, ale ciągle duch nas nie opuszczał.

- Czy mógłbyś pozwolić temu duchowi odejść? – zapytałam Grace.

Po tym pytaniu, Grace i ja zdałyśmy sobie sprawę, że ten duch pozostawał z nią tak długo, że Grace nie wiedziała, że jest nią. Nie wyobrażała sobie życia bez niego, ale pożegnawszy go jak starego przyjaciela, pozwoliła mu odejść.

Po jego odejściu ukazała się nam inna, lżejsza rzeczywistość

- Jest mi smutno – powiedziała Grace.

- Rozumiem – odpowiedziałam – to dlatego, że byłaś z nim tak bardzo długo.

Powiedziałam, że może go znów przywołać, jeśli tylko chce i odpowiedziała mi:

- Nie!

Kilka dni później zmieniło się całe życie Grace. Straciła kilka kilogramów, zmieniła ubrania o dwa numery i powiedziała mi, że tego wcześniej nie zauważyła, ale ciągle brzęczało jej w uszach – również to minęło bezpowrotnie.

Przez samo zauważenie tego, co się z nią działo, w co całkowicie nie wierzyła, była w stanie zmienić dużą część swojego życia ot, tak po prostu.

Wierzę w to, że każdy jest zdolny do dużych zmian, jeśli tak naprawdę ich pragnie. Wszystko, co musisz zrobić to zdobyć się na odwagę stanięcia twarzą w twarz przed czymś, co wydaje się straszne lub prawie niemożliwe.

Zmiana Warty

Jeździłam sobie konno wraz z dwoma moimi przyjaciółkami w Gidgegannup, zachodniej Australii.

Pojechałam do Perth na warsztaty Access prowadzone przez Garego i postanowiłam odwiedzić przyjaciółkę, która miała stadninę koni 44 kilometry od Perth. Zaprosiła mnie na jazdę konno po skończonych warsztatach.

W piękny, czysty i słoneczny dzień podróżowałam sobie z moimi przyjaciółkami do Gidgegannup przez rozciągające się dookoła suche, bure wzgórza i gaje zakurzonych zielonych eukaliptusów. Koleżanka, która była właścicielką koni, była wysoką atletyczną blondynką z Australii, która mieszkała na 4 akrach wraz z jej chłopakiem i dwunastoma końmi. Najpierw przedstawiła mnie koniom, a dopiero później swojemu chłopakowi.

Wsiadłam na pięknego gorącokrwistego Holendra, który nazywał się Lincoln. Był piękny i wysoki w orzechowym kolorze z dobrymi manierami. Był największym koniem na ranczu, ale moja przyjaciółka zapewniła mnie, że ma dobre serce. Moja druga przyjaciółka była moją bardzo dobrą znajomą z Nowej Zelandii, którą znam od lat. Korzystałyśmy z tego miłego spotkania, które praktykowałyśmy od lat, kiedy to spotykałyśmy się raz do roku, zanim rozjechałyśmy się w różne strony świata. Było tak gorąco, że miałam na sobie szorty i klapki – perfekcyjny strój do jazdy konnej.

Przyjaciółka pożyczyła mi ochraniacze, żeby osłonić nogi i wzięłam od niej buty. Wyglądałam wspaniale. Chwyciłam się siodła i umiejscowiłam na Lincolnie. Postanowiłyśmy objechać kilkakrotnie dużą ogrodzoną łąkę, żeby zapoznać się z naszymi końmi. W spokojnym rytmie przemieszczałyśmy się po łące gaworząc o życiu i innych fajnych rzeczach. Czas płynął i słońce przesunęło się wyżej na niebie. Byłyśmy bardzo zadowolone. Zdecydowałyśmy się na kłus, żeby sprawdzić, jak będzie się jechało, robiłam to przedtem setki razy.

I to była ostatnia rzecz, jaką pamiętam przed tym, kiedy się ocknęłam.

Leżałam na plecach w błocie i patrzyłam na piękne, bezkresne, bezchmurne niebo. Nie miałam żadnego pojęcia, co się przedtem stało. Jedyne, co czułam to pulsowanie w mojej głowie, albo mi się tak wydawało, ale tak naprawdę nie myślałam w żaden znany sobie sposób. Nie miałam żadnego pojęcia, w jakiej się znajduję rzeczywistości, a podróż do tej rzeczywistości była bolesna, chociaż może lepiej opiszę to słowo: ekstatyczna. Czułam, że moja przyjaciółka bardzo się czymś martwi, bo siedziała przy mojej głowie i płakała. Później dowiedziałam się, że myślała, że umarłam, albo byłam na dobrej drodze, żeby to zrobić. Nie mam wątpliwości, że to jej błagania spowodowały mój powrót do ciała z pozacielesnej podróży. Kiedy już całkowicie doszłam do siebie, jakiś tydzień później, przypomniałam sobie, że byłam poza ciałem i zobaczyłam dwie drogi. Jedna prowadziła tu z powrotem, a druga...?

Intensywność odczuwania sytuacji i troska mojej koleżanki powodowały, że czułam się raniona, więc poprosiłam, żeby przestała płakać. Czułam, jakby jej troska dosłownie przygważdżała mi głowę.

Z uwagi na całą tę sytuację moje koleżanki starały się naprawdę mocno, żeby się zrelaksować, siedziałyśmy na pastwisku dość długo, a ja próbowałam odnaleźć się w tej rzeczywistości. Zapytałam je później, jak to wyglądało, kiedy odzyskiwałam przytomność. Odpowiedziały mi, że były poważnie przestraszone. Mówiły, że powtarzałam ciągle **Pytanie:** „Gdzie mieszkam?". Mówiły, że pytałam o to ponad 20 razy. Mówiły mi, że mieszkam w Kalifornii i przyjechałam do Australii na warsztaty Access. Wtedy zapytałam: „Co to jest Access?". Amnezja jest niezwykłą i niesamowitą sprawą.

Pamiętam, jak patrzyłam na eukaliptusy dookoła nas i myślałam: „Ależ dziwne drzewa, jakie to dziwne miejsce.". Wiedziałam, że mam narzędzia, których mogłam użyć, kiedy sprawy nie miały się dobrze, ale ich nie pamiętałam, nawet nie wiedziałam, dlaczego miałabym ich użyć. W tym czasie przyszedł do nas chłopak mojej przyjaciółki.

Wtedy przypomniałam sobie o koniach i zapytałam, co się z nimi stało. Powiedział, że je odprowadził, co oznacza, że byłam nieprzytomna dłuższy czas. Przykucnął przy nas na ziemi i zaczął się ze mnie śmiać, co rozluźniło bardzo sytuację. Powiedział, że wyglądam jak górnik. Cała prawa strona mojej twarzy wysmarowana była brudem i błotem, czego nie zauważyłam i później, gdy brałam prysznic, zajęło mi to prawie dziesięć minut, żeby się tego pozbyć. Wszyscy się śmialiśmy, a mój śmiech szybko przerodził się we łzy. Nie były to łzy rozpaczy, ale takie, łzy jak wtedy, kiedy płaczesz, kiedy zmienia się coś głęboko w tobie, a ty właśnie spadłeś z wielkiego konia.

To bardzo trudne do opisania i być może trudne do pojęcia, jak bardzo głębokie to było dla mnie przeżycie. Byłam jak nowonarodzone dziecko.

Zaczynałam być coraz bardziej świadoma i coraz bardziej czułam, co odczuwają moje przyjaciółki. Nie mogłam tego znieść – tak bardzo były intensywne. W jaki sposób wcześniej tego nie dostrzegałam? Naprawdę byłam tak nieświadoma? Czułam, jakby myśli mojej przyjaciółki mnie paliły, jakby rozbrzmiewały we mnie w jakiejś nieznośnej częstotliwości. Wszystko, co mogłam zrobić, to zablokować tę informację, ale czegokolwiek używałam do zablokowania tej świadomości w przeszłości – opuściło mnie.

Pytały, co chcę robić, a ja jedynie płakałam, leżałam w błocie, czołgałam się do drzewa, obejmowałam je i jeszcze bardziej płakałam. Kiedy zaczęłam wracać do siebie, pytałam moje przyjaciółki, dlaczego tu jesteśmy. Nie, dlaczego jesteśmy na ranczu koni, ale dlaczego pojawiliśmy się na tej planecie, w tej rzeczywistości. Nie mogłam zrozumieć, dlaczego ludzie wybierają tak dużo bólu. Czułam wszystko jednocześnie, ogromną moc i pokój na ziemi oraz nieszczęśliwą, zmartwioną, umierającą rasę ludzką. Widziałam z tego miejsca, jak szaleni są ludzie. Czy ziemia nas przeżyje, czy ja przeżyję w tym miejscu? Później moją uwagę przyciągnęła wiewiórka, która wspinała się na drzewo po drugiej stronie pastwiska i podziwiałam tę maleńką istotę i płakałam z radości, że żyła.

To było jak najlepszy narkotyk, który kiedykolwiek brałam i miotałam się pomiędzy najgorszą i najlepszą wyprawą mojego życia. Całkowicie opuściłam tę rzeczywistość i wiedziałam, że zapędziłam się do magicznej krainy, do króliczej nory. Jak tylko zauważałam energię, albo zwracałam uwagę na jakiś ruch wokół mnie, całkowicie przetransportowywałam się do tego, jakbym mogła zobaczyć każdy aspekt tego istnienia.

Nie byłam od niczego odłączona. Widziałam wszystko, jak pulsuje energetycznie – a może działo się to tylko w mojej głowie? Walczyłam z głosem rozsądku, który starał się mnie ściągnąć na ziemię, ale mimo tej walki wracałam do tego świata i zgodziłam się wziąć prysznic i wsiąść do samochodu. Myślę, że właśnie taki stan nazywa się stanem zidiocenia. Nic mnie nie obchodziło, że mogę już tak pozostać. Czułam się bardziej wolna niż kiedykolwiek w moim życiu, mimo że nie wyglądałam i nie zachowywałam się normalnie.

Nie miałam ani jednego zadrapania czy sińca na całym ciele. Miałam dwa dni na to, żeby się podleczyć i wsiąść do samolotu, który w pięć godzin miał mnie zawieźć na wschodnie wybrzeże Australii. Spędziłam te dwa dni w łóżku w śpiączce powstrząsowej.

Powoli wszystko wracało do normy, ale świat wyglądał całkiem inaczej! Nie miałam pojęcia, co wygląda inaczej, tylko wiedziałam, że tak jest. Nie miałam pojęcia kiedy i czy chcę coś jeść. Musiałam to sobie uzmysłowić, jakby to było pierwszy raz – którą ręką mam pisać. Moje ciało zaopiekowało się mną perfekcyjnie podczas tych dni. Wiedziało co robić, mimo że straciłam poczucie wszystkiego. Cudem przeżyłam lot do Brisbane. Jedyną rzeczą, której byłam świadoma to intensywny ból karku.

Poprosiłam mojego przyjaciela dr Daina Heer'a, żeby nastawił mi kręgi. Dain jest bardzo dobrym przyjacielem naszej rodziny i jest cudownym człowiekiem. Dołączył do Access Consciousness jako kręgarz. Dain nie tylko nastawia kręgi, ale ma niezwykły dar uzdrawiania naszych istnień i zmiany naszego życia. Jest cudotwórcą, potwierdzą to setki ludzi, a ja jestem szczęściarą, że jest moim przyjacielem. Wiedziałam, że po jego sesji poczuję się lepiej i z radością położyłam się na stole do masażu. Zamiast położyć ręce na moim ciele, Dain stał obok mnie, przekrzywił głowę i tylko się na mnie patrzył. Zaczynał kłaść ręce na mój kark i od razu je zabierał, drapiąc się po brodzie. Widziałam, że jest czymś zdziwiony, ale nie wiedziałam, na co tak naprawdę patrzy. Zapytaliśmy oboje w tym samym czasie:

– Co się dzieje?

Dain odpowiedział pierwszy:

- Jesteś inna?

Pomyślałam sobie „Kurczę, pewnie!", ale zapytałam, co ma na myśli. Wtedy wybuchła bomba!

- Wyglądasz inaczej, to znaczy zupełnie inaczej, jak nowa osoba. Czy jesteś nowym istnieniem? – zapytał.

Myślałam, że pyta metaforycznie i odpowiedziałam, że tak, czuję się jak nowa osoba. Ale on miał na myśli całkowicie i dosłownie nową osobę. Czyżby byt, którym byłam ulotnił się i nowe istnienie zamieszkało w moim ciele? Zaczęłam pogrążać się w warstwach spekulacji i niedowierzania i natychmiast wszystko zaczęło mieć sens.

Zrozumiałam, dlaczego nie mogłam pojąć, czego potrzebuje moje ciało, nawet zapomniałam, jak szczotkować zęby. Ciało pamiętało większość rzeczy, które były konieczne, ja tylko musiałam odnieść się do ciała, jakby to było dla mnie pierwszy raz.

To, o co pytał Dain było nieprawdopodobne do wyobrażenia, ale jednocześnie wiedziałam, że jest to prawda. Jak tylko zagłębiłam się w to, zauważyłam, że Shannon Nr 1, jak ją nazwałam, stoi przy stole do masażu, na którym leżałam. Patrzyła na mnie, jakby oczekując mojej zgody, że może odejść. Oboje z Dainem wybuchnęliśmy płaczem.

Wiem, że wiele rzeczy w tej książce było dziwnych i ta historia również taka jest, może nawet dziwniejsza niż inne. Myślałam, że należę do świata szaleńców, kiedy doświadczałam rzeczy, które opisałam, ale jednocześnie poprzez nie doświadczyłam i otrzymałam ogromne zmiany w świadomości.

Widziałam istotę przedtem zamieszkującą moje ciało, która stała obok mnie. Wiedziałam, że to nie ja, nie była mną. Była smutniejsza – ale również spokojna, że odchodzi.

Powiedziała, że czekała na mnie od czasu, kiedy to ciało skończyło czternaście lat, ale okoliczności i czas temu nie sprzyjały. Poprosiła, czy mogłabym zaopiekować się jej matką. Poczułam się głęboko poruszona i było to bardzo dziwne. Jej matka była teraz moją matką? Czułam się, jakby gigantyczne przygniatające mnie kamienie były zdjęte znów z moich ramion. Nagle wszystko wydało się jaśniejsze i prostsze, jakby iskrzące.

Łzy wdzięczności były niekontrolowane. Powiedziałam Shannon Nr 1, że tak, może odejść i jestem gotowa na przejęcie sterów. Starała się ze mną skomunikować od czasu, kiedy wróciłam do zmysłów w Gidgegannup, zachodniej Australii, ale ja tego nie zauważałam. Posiadanie dziwnych, magicznych przyjaciół pomaga, kiedy nie zauważasz pewnych rzeczy w swoim życiu.

Kiedy Shannon Nr 1 opuściła pokój, promyk światła zapalił się we mnie. To było uczucie, jakby ktoś zabrał ciemną chmurę, od której próbowałam uciec – ode mnie ze środka.

Kilka tygodni po moim upadku, każdy z mojego otoczenia doświadczył nowej, lżejszej, jaśniejszej i milszej Shannon. Shannon Nr 1 była dręczona przez demony, które zamieszkały w niej od dzieciństwa z różnych powodów i w czasie jej nastoletniości przez narkotyki. To było tak, jakby trzymała to miejsce dla mnie. Miejsce, gdzie dawała sobie radę z głupotą i krzywdą, w której dorastała na tym świecie. Te demony odeszły razem z nią. Co pozostało, to byłam ja, istota z większą otwartością na inne możliwości.

Upadek z konia był najbardziej transformacyjnym doświadczeniem mojego życia, aż do teraz. Odeszły ogromne pokłady niezmienionej osobowości i charakteru. Obszary życia poprzedniego właściciela mojego ciała, które były wielkim problemem, były już rozwiązywalne, a ja odetchnęłam z wielką lekkością.

Żartowałam z Garym tydzień po tym wydarzeniu, że jedyne, czego ludzie potrzebują, to doświadczyć urazu głowy i obudzą się zupełnie inni. Gary śmiał się i powiedział: „Wszystko, czego potrzebujesz wiedzieć o życiu, dowiesz się jeżdżąc konno.". A może spadając z konia, jak było w moim przypadku!

CZĘŚĆ TRZECIA
Uczenie się

„*W szkole średniej uczymy się algebry, zamiast przedmiotu Zrozumienie Metafizycznej Energii i kontakt z duchami 101.*"

~ Shannon O'Hara ~

Transkrypt Z Warsztatów Porozmawiaj Z Duchami, Australia 2008

Shannon: Te warsztaty pomogą wam w zrozumieniu własnych zdolności w kontaktach z duchami. Świat bytów może być niezwykłym wkładem dla naszego życia, jeśli sobie na to pozwolimy. Proszę was, abyście zrozumieli, że są na świecie rzeczy, które są możliwe, a które wcześniej odrzucaliście.

Chciałabym, żebyście zadawali pytania, bo one będą prowadziły cały ten warsztat. Jeśli pozwolicie sobie na wkroczenie do świadomego świata, możemy mieć tu niezłą zabawę.

Świat duchów zmusił mnie do rozszerzenia mojego postrzegania, przez to, że nie można go zdefiniować. Nie da się go porównać z tą rzeczywistością. Nie funkcjonuje z poziomu czasu, nie jest liniowy i każdy pojedynczy duch jest nieporównywalny do innego.

Historia każdego z nich i magnetyczny odcisk, jaki zostawia, jest unikalny; zawsze inny.

Nigdy nie da się tego zdalnie poprowadzić. Nie ma równania liniowego, które moglibyście do tego odnieść, nie ma żadnej formuły. Zawsze wygląda to inaczej, więc możliwość i chęć spojrzenia na to w sposób, w jaki dokładnie się przed nami prezentuje, może otworzyć drzwi do niezwykłych rzeczy.

Kim zatem są duchy? Duch (byt) to energia, która zablokowała się we własnej tożsamości, czasie lub przestrzeni. Kiedy więc mówicie o sobie „jestem tym i tym" albo „jestem kobietą" albo „mam tyle i tyle lat" albo „jestem człowiekiem" – kreujecie definicję i tożsamość, w której kodujecie magnetyczny plan, który formułuje ducha, nawet wtedy, kiedy wasze ciało umiera, kreujecie definicję siebie, do czasu aż wybierzecie coś innego.

Wybór to klucz, którego posiadania duchy czy ludzie nie zawsze są świadomi.

Pytanie: Sugerujesz, że nawet kiedy nasze ciało umiera, duch pozostaje tu na ziemi, chyba, że wybierze inaczej?

Shannon: Tak, nie zawsze tak się dzieje, ale tak. Zawsze, kiedy umiera twoje ciało, przenosisz ze sobą magnetyczny plan, pieczęć tego, co wiesz, co zrobiłeś, czym byłeś i o czym myślałeś. Istniejesz jako duch ciągle, ale nie w tym ciele, którego teraz doświadczasz.

Pytanie: Widzisz duchy?

Shannon: Tak.

Pytanie (od tego samego uczestnika): Co trzeba zrobić, żeby je zobaczyć?

Shannon: Czy zdarza ci się zobaczyć bez poruszania okiem rzeczy, które przesuwają się na krawędzi pola twojego widzenia?

Uczestnik: Tak.

Shannon: To duch. Pierwszym więc krokiem do zauważania i bycia świadomym bytów będzie zwrócenie uwagi, że jeśli coś takiego ci się przytrafia, a ty mówisz tylko „och, to nic takiego", a powinieneś właśnie to świadomie zauważyć, nawet jeśli nie widzisz w tym żadnego sensu. Czy kiedykolwiek zdarzyło ci się wejść do jakiegoś pokoju i powiedzieć „Ooooo, co się tu dziwnego dzieje?" albo powiedzieć sobie „Natychmiast chcę stąd wyjść"? Zawsze, gdy to zauważysz, twoja percepcja i możliwości widzenia duchów umocnią się.

Kiedy zaś zignorujesz, zaprzeczysz, odepchniesz od siebie to uczucie, wówczas je w sobie osłabiasz. Inną rzeczą, która przeszkadza w kontaktach z duchami są przewidywania i oczekiwania różnych rzeczy od duchów i przede wszystkim strach przed nimi. Strach jest ważnym tematem i mam nadzieję, że pewnego dnia ludzie będą bardziej wykształceni na temat świata duchów i przestaną kupować kłamstwa, które czytają w książkach, oglądają w filmach. Mam nadzieję, że zaczną mieć więcej świadomości dookoła tego tematu i więcej spokoju.

Wszyscy oczekujemy, że duchy ukażą się nam w odpowiedni sposób i te oczekiwania ograniczają naszą widoczność w tym temacie. Sposobem, w jaki ludzie powinni zacząć zmieniać ich oczekiwania i projekcje na temat duchów jest zniszczenie i odkreowanie wszystkiego, co na ten temat wcześniej kupili. Powinni odesłać to tam, skąd przyszło i mam nadzieję, że kiedy zrobimy już dużo odkreowań na ten temat, ludzie zaczną tworzyć własną rzeczywistość w tym temacie. Wszędzie tam, gdzie zdecydowałeś, jak duchy mają wyglądać czy się zachowywać, czy teraz to zniszczysz i odkreujesz?

Zmień to wszystko, pozwól, żeby ukazało się w sposób najmniej przewidujący. Wszędzie tam, gdzie zadecydowałeś, w jaki sposób duchy mają istnieć, wyglądać i być czy teraz zniszczysz i odkreujesz? Zmień to myślenie, pozwól, żeby ukazało się to takie, jakim jest, a nie takim, jakim je oceniasz, czy oczekujesz, że będzie.

Co oznacza dla was widzenie duchów? Bo jest to znaczenie, które wykreowaliście i kupiliście od innych przez wszystkie czasy na temat świata umarłych, który zablokował was w poszczególnych punktach widzenia, i dlatego też myślicie, że jest trudniej je zobaczyć, zamiast pozwolić temu ukazać się w całej okazałości.

Odpowiedź: Uważam, że duchy to odpowiedzialność, to hokus-pokus, to upiory i zjawy, zmory! Zagubione dusze! To utknięcie w czasie i przestrzeni!

Shannon: Prawda, że interesujące? A prawda jest taka, że duchy są dokładnie tak jak my! Chodzi o to, żeby być świadomym innych energii, żeby otrzymać to, co na nas tam czeka, po to, aby uzyskać informację, co tam jest, a nie to, co „myślimy", że jest. Jakie są tego możliwości? Ludzie funkcjonują z punktu widzenia, że duchy to wielkie, straszne stworzenia, które cię dorwą i wszystkie muszą być złe. A wcale tak nie jest.

Pytanie: Czy mam takie duchy, które mnie ograniczają w życiu?

Shannon: Cha, cha, cha! Tak, ludzie mają tendencję do oskarżania duchów o wiele rzeczy. Powiedz prawdę, czy masz takiego ducha, który cię ogranicza? Czy może masz obok siebie kogoś, kto chciałby pomóc tobie i twojemu ciału?

Odpowiedź: Och kurczę, cóż bardziej mi się czyta ta sprawa pomocy mojemu ciału. Zabawne, nigdy o tym w ten sposób nie myślałem. Jakie są możliwości, żeby zacząć ich słuchać?

Shannon: Lepsze pytanie byłoby: „jakie są możliwości, żeby więcej otrzymywać?", bo poprzez otrzymywanie pozwalasz sobie na to, co one mają do zaoferowania. Powiedz proszę, czego jesteś świadomy, co się dzieje w twoim ciele? Teraz możecie zrobić to wszyscy, poproście duchy, które są tu z nami, aby pomogły wam z waszym ciałem i dały wam poczuć na nim coś, czemu nie moglibyście zaprzeczyć.

Co odczuwacie?

Odpowiedź: Ucisk w głowie.

Shannon: Poproś teraz o takiego ducha, który jest tu, aby pomóc ci w zdrowiu i świadomości twojego ciała, aby sprowokował odczucie, które byś poczuła. Co czujesz teraz?

Odpowiedź: To nie ucisk, to coś lżejszego! Tak, kurczę, odczuwam mrowienie w całym ciele.

Shannon: To droga, aby rozwinąć swoje odczuwanie duchów i ich obecności. Twoje ciało jest bardziej otwarte na świadomość niż ty, więc może zarejestrować informację i odczucie, które mogą doprowadzić do większej świadomości świata duchów. Twoje ciało jest receptorem dla duchów. Twoje ciało komunikuje się z tobą cały czas, aby przekazać ci informację, której nie możesz wyłapać o tym, co się dzieje wokół ciebie energetycznie. Większość ludzi myli się mówiąc: „ale mi gorąco" albo „boli mnie głowa". To może być sposób, w jaki sposób twoje ciało mówi ci, że obok znajduje się duch.

To może się również objawić w inny sposób, przez kaszel, mrowienie w rękach lub stopach, gęsia skórka i tak dalej.

Pytanie: Kiedy jestem na pogrzebie, płaczę nieustannie, nieważne, na czyim pogrzebie jestem. Co to znaczy?

Shannon: Jak wiele odczuć i emocji odbierasz od innych osób, które ich z siebie nie uwalniają? To książkowy przykład pytania „do kogo to należy?".

Uczestnik: Naprawdę bardzo chciałabym czuć, odczuwać czy widzieć duchy, ale nic nie odczuwam.

Shannon: Musisz zacząć zauważać, co odczuwasz i w jaki sposób ci się to ukazuje. Jak to odczucie w twoim ciele. Komunikacja z duchami może być bardzo subtelna i chodzi o to, aby wyjść poza pięciozmysłowe odczuwanie. Każdy doświadczy tego w inny sposób, nie ma jednej określonej prawidłowej drogi. Chodzi o to, aby zacząć sobie ufać i pozwolić sobie to robić. Chodzi również o to, żeby pozwolić sobie na więcej, niż to, co zadecydowaliśmy, że jest prawdziwe i rzeczywiste oraz zmienić swoją percepcję.

Pytanie: O co chodzi z tym zwątpieniem, które teraz odczuwam?

Shannon: Zwątpienie to uczucie, które zakrywa to, co się pod nim kryje. To samo dotyczy strachu. Takie rozpraszacze powodują, że nie patrzysz na rzeczy takimi, jakie są. Zwątpienie nigdy nie jest prawdziwe. Możesz siebie sam zapytać, co się kryje pod zwątpieniem lub strachem.

Uczestnik: Tak, czuję możliwość zrobienia czegoś i nie wiem, jak sobie z tym poradzić.

Shannon: OK, rozpraszacze powstrzymują cię przez ujrzeniem twojej mocy i możliwości. Nie jest to śmieszne, jak bardzo się ich boimy? Wszystko jest odwrotnością tego, jak to wygląda i nic nie jest odwrotnością tego jak to wygląda. Gdybyś sobie na to pozwolił, a przyzwolenie jest olbrzymim krokiem milowym na to, aby stanąć ponad zwątpieniem i strachem, i przestał ich słuchać, miałbyś dostęp do większego obszaru swoich zdolności i możliwości. Tak długo, jak ulegasz zwątpieniu lub strachowi, ograniczasz się.

Inną interesującą rzeczą jest fakt, że ludzie nadają tak olbrzymiego znaczenia sile duchów. Ludzie wierzą w to, co zobaczyli w filmach o duchach.

Wiecie co, to jest śmieszne, bo duchy są dokładnie jak ludzie, one są jak my. Niektóre są mądre, niektóre nie, a niektóre z nich nawet nie wiedzą, że przeszły na tamtą stronę.

Pytanie: Zamknęłam w sobie tę możliwość. Zamknęłam tę część siebie. Czy to był mój wybór?

Shannon: Tak, dokładnie tak. Najpierw dokonaj wyboru. Później zniszcz wszystkie decyzje, oceny i konkluzje, i to pozwoli ci na pozbycie się wszystkiego, co ci na to nie pozwala lub ci w tym przeszkadza. Pamiętaj, że świadomość jest jak mięsień w naszym ciele. Zawsze, kiedy go nie używamy, ignorujemy lub zapominamy o nim – staje się słabszy. Za każdym razem, kiedy sobie mówisz: „O tak, czuję to!", zauważasz to, a to wzmacnia naszą świadomość. Patrząc na to z perspektywy logiki, możesz nie wiedzieć co się dzieje, ale jak zaczniesz to zauważać, sprawy potoczą się łatwiej. Oczywiście pomocna też będzie w tym prośba, aby stało się to dla nas prostsze, zamiast bez ustanku przyznawać, że jest to dla nas ciężkie i straszne.

Pytanie: Czasem, kiedy śpię, słyszę kogoś, jak woła mnie po imieniu. Tak głośno, że budzę się i myślę, że to mój chłopak, że spóźniłam się do pracy albo coś podobnego. Wybiegam z sypialni, ale mojego chłopaka już nie ma i nie ma też nikogo innego w mieszkaniu. Przysięgam, słyszę moje imię bardzo wyraźnie.

Shannon: Czy to był głos twojego chłopaka, czy tylko ci się tak wydawało?

Odpowiedź: Nie, tylko wydawało mi się, że to on, ale tak nie było. Zdarzyło mi się to wiele razy.

Shannon: Czy zdarzyło się to w innych domach, w których mieszkałaś czy tylko w tym?

Odpowiedź: Wydaje mi się, że zdarzało się to też w innych domach. Ale myślę, że przede wszystkim dzieje się to teraz w tym, w którym mieszkam. Kiedyś, kiedy szłam do samochodu, ktoś uszczypnął mnie w ramię.

Shannon: Dokładnie, słyszenie wołania swojego imienia zdarza się częściej niż możecie sobie wyobrazić. Zdarza się to rano, kiedy jeszcze śpisz, dlatego, że jesteś najbardziej zrelaksowana. Wtedy duchy mogą do ciebie dotrzeć. Kiedy więc zdarzy się to jeszcze raz, zacznij z nimi rozmawiać. Wszystko, co musisz zrobić to zapytać: „Cześć, co słychać, czy możecie (wy duchy) rozmawiać ze mną tak, żebym mogła to usłyszeć? Bo nie mam pojęcia co chcecie mi przekazać.".

Odpowiedź: Dziękuję ci.

Pytanie: Czy duchy mogą być związane z tym domem i chcą się ciebie pozbyć?

Shannon: Oczywiście, duchy, tak jak my, mają swoje punkty widzenia, jak: „To jest mój dom, mój facet, moja dziewczyna albo mój zwierzak.".

Czasem masz niezwykłe odczucie, że chcesz uciekać z domu, a czasem poczujesz tylko taką wibrację. Nawiedzone domy zdarzają się bardzo często. Osobiście nigdy bym nie wybrała przyczepienia się do domu po moim odejściu z tego świata, ale są takie, co w ten sposób postępują.

Odpowiedź: Wiesz co, myślę, że mam w domu ducha, który wytwarza dziwne głosy. Kiedyś myślałam, że chce coś zrobić mi i mojemu bratu, ale powiedziałam, żeby spierdalał, bo wiem, że mam więcej mocy od niego.

Shannon: Moim zdaniem, mówienie duchowi, żeby spierdalał albo tego, że się ma więcej mocy od niego, nie zawsze odnosi efekt. Chęć zmiany jest prawdziwą mocą. Jak mogłabyś zmienić tę sytuację, żeby ukazało się coś innego? Jeśli jesteś w stanie zobaczyć sprawy takimi, jakie są, bez ocen i punktów widzenia, będziesz miała więcej mocy, żeby dokonać zmian. Wielu ludzi mówi: „nie chcę tego widzieć" albo „nie chcę mieć z tym do czynienia". Kto zatem posiada moc? Ty? Czy może to, na co nawet nie chcesz spojrzeć?

Nadajesz im mocy, przez to, że nie chcesz ich otrzymać. Powiedz mi proszę, czy na pewno wszyscy ludzie, którym mówisz, żeby spierdalali, to robią? To samo się dzieje z duchami.

Odpowiedź: Cóż, wygląda na to, że gdybym je dopuściła do swojego życia i zaczęła zauważać, coś by się w moim życiu zmieniło.

Shannon: Masz rację, to zmieniłoby twoje życie. Czy wiesz, co by się w twoim życiu zmieniło?

Odpowiedź: Tak, na pewno patrzyłabym na wszystko inaczej.

Shannon: Super, jak może być jeszcze lepiej? Pamiętaj, problemy są spowodowane czasem tym, że nadajemy duchom zbyt dużo znaczenia. Komunikacja z bytami nie jest czymś niezwykłym i przede wszystkim nie musi być straszna i ciężka.

Jest mnóstwo bytów na tej planecie, mogą to być nasi krewni lub przyjaciele, którzy przyszli, żeby powiedzieć „do widzenia" przed tym, zanim odejdą. Pokazałam tego przykład w mojej historii „odwiedziny starego przyjaciela rodziny", kiedy Mary, przyjaciółka naszej rodziny przyszła się ze mną pożegnać. Gdybym się temu zaparła, ona starałaby się przyjść do mnie z podwójną siłą. To właśnie robią ludzie z duchami: opierają się im, bo myślą, że duchy są złe. To, że pozwoliłam Mary przyjść do mnie, chociaż na początku się wystraszyłam, w rezultacie dało nam obu wiele przyjemności i ciepła.

Pytanie: Czy jest jakieś zadanie wobec nich, które powinniśmy spełnić? Ja zostałam nauczona, aby je czyścić.

Shannon: Czasem czyszczenie duchów jest bardzo wskazane, a czasem komunikacja z nimi. Ja po prostu jestem otwarta na to, co w danej sytuacji jest ode mnie wymagane. Czyszczenie duchów może spowodować ogromną zmianę energii. Jeśli zaś chodzi o zadania, mogę wam opowiedzieć tylko to, co dotyczy moich zadań w stosunku do bytów.

Odpowiedź: Jakie jest twoje zadanie?

Shannon: Totalna świadomość – ciągle się uczę, jak to ma wyglądać.

Pytanie: Chciałabym w większości przypadków, żeby sobie ode mnie poszły.

Shannon: A ile problemów odsuwasz od siebie, żeby sobie poszły, żeby na nie nie patrzeć? Czy to działa? Czy musisz najpierw ten problem zobaczyć, żeby go rozwiązać? Co by było, żeby problemy nie istniały? Co by było, żebyśmy nie musieli się niczego pozbywać?

Pytanie: Czy to znaczy, że nie zawsze musimy czyścić duchy? Możemy tylko zauważyć, że są i to wystarczy?

Shannon: Tak.

Pytanie: Pamiętam warsztaty, które prowadziłaś rok temu. Była na nich kobieta, która próbowała wyczyścić jakiegoś członka rodziny, i ten duch naprawdę się wkurzył.

Shannon: O tak, pamiętam. To chyba był jej dziadek albo babcia, ich punktem widzenia było „dlaczego chcesz, żebym sobie stąd poszła!?". To bardzo dobry przykład tego, o czym mówię. Jeśli dobrze pamiętam, ta kobieta kiedyś poprosiła o pomoc w zmianie swojego życia i jej dziadek przyszedł jej pomóc. Ta kobieta tego nie zrozumiała, zamiast otrzymać prezent w postaci pomocy, próbowała tego ducha wyczyścić.

Pytanie: To znaczy, że powinniśmy być tylko świadomi tego, czy powinniśmy je wyczyścić czy po prostu otrzymać coś od nich?

Shannon: Dokładnie, czyszczenie duchów jest dobre i komunikacja z nimi jest dobra. Chodzi tylko o to, żeby wiedzieć, co na daną chwilę jest najlepsze.

Pytanie: Mam dużo duchów, które przychodzą do mnie, kiedy proszę, żeby mi pomogły, czuję ich energię.

Shannon: Dokładnie o tym mówię. Pozwól zatem, że zadam ci **Pytanie:** czy jesteś medium?

Brak odpowiedzi...

Shannon: To będzie odpowiedź tak lub nie. Co wy o tym myślicie, czy ona jest medium?

Uczestnicy: Tak!

Shannon: Czy masz tego świadomość? **Odpowiedź:** Tak?

Shannon: Gdzieś w tobie głęboko jesteś tego świadoma, bo teraz wyglądasz zupełnie inaczej niż zwykle. I masz coś w swoich oczach, co nie jest tobą, a właśnie powiedziałaś, że są duchy, które przychodzą do twojego ciała. Sugeruję, żebyś to zbadała. Wiem, że się to może wydawać bardzo wątpliwe, ale musisz zdobyć wszystkie narzędzia i klucze, żeby to zaczęło dla ciebie pracować, inaczej nie będziesz miała możliwości.

Myślę, że istotne dla ludzi takich jak ty, którzy są medium jest w pierwszym rzędzie świadomość tego, że masz taką zdolność, a później nauka tego, w jaki sposób ją wykorzystać. Na świecie jest cała masa ludzi, którzy posiadają fenomenalne zdolności i nie są tego świadomi, a zdolności mogą się objawiać jako schizofrenia, dwubiegunowość, depresja, myśli samobójcze, wieloosobowość czy ADD, ADHD, natręctwa i autyzm. Autyzm to niezwykły temat, którego nie będę rozwijać, powiem tylko, że autystyczni ludzie są bardzo świadomi istnienia duchów i mają ponadzmysłowe zdolności. Co by było, gdyby byli na tym świecie ewolucją wyższego poziomu świadomości? Co by było, gdyby posiadali zdolności paranormalne, a nie zachwiania osobowości? Schizofrenicy mają do czynienia z wieloma duchami. Nie są wariatami i wszystko jest z nimi w porządku. Tak naprawdę są niezwykli. Ludzie, którzy mają autyzm nie są niedorozwinięci, są tak bardzo zaawansowani ponadzmysłowo, że nie mogą się wpasować w tę powolną i gęstą rzeczywistość.

Co mogą nam pokazać, w jaki sposób mogą się przyczynić do funkcjonowania i pokazania nam tego, w zupełnie inny nieznany do tej pory, na tej planecie sposób?

Czy nie jest to śmieszne, że mamy tyle predyspozycji do rozmowy z duchami i nawet sobie nie zdajemy z tego sprawy? Cóż, myślę, że to śmieszne, a wy pewnie myślicie, że to frustrujące i dziwne. Im bardziej pójdziesz w stronę energii, to znaczy im bardziej przestanie to być rozumiane kognitywnie i będzie mniej solidne, tym łatwiej ci będzie.

Rozmowa z duchami może pójść wieloma drogami. Największym błędem, który robimy to fakt, że myślimy, że ta rozmowa będzie wyglądała jak z ludźmi, którzy posiadają ciało. Czasem zdarzy się, że tak będzie, ale jest to najrzadsza forma komunikacji z nimi. Najczęściej będzie to pozawerbalna komunikacja, jak ładowanie danych. Może to się zadziać bardzo szybko – w jednym momencie otrzymasz całą informację. Dzieje się to dużo szybciej niż komunikacja w tej rzeczywistości. Dlatego ludzie myślą, że nie potrafią rozmawiać z duchami. Nie o to chodzi. To dzieje się naprawdę bardzo szybko.

Odpowiedź: Właśnie tak jest. Nigdy nie słyszę żadnych słów.

Shannon: Czy na pewno nie słyszysz żadnych słów, czy przychodzi to do ciebie w sposób, w jaki nie jesteś przyzwyczajona rozmawiać?

Odpowiedź: Dokładnie, co powinnam zrobić, żeby zacząć rozumieć, co mają mi do przekazania?

Shannon: Chodzi o to, żeby sobie zaufać, i tak jak wspomniałam, im więcej tego robisz, tym łatwiejsze się to staje. Jeśli chodzi o mnie, wiem, kiedy próbują mi coś przekazać, spowodują, że będę odczuwać ich uczucia albo przekażą mi smak lub zapach czegoś. Jest tak wiele dróg komunikacji, chodzi o to, aby zacząć je zauważać. W jaki sposób będzie to nam przekazane również zależy od ducha, który to nam przekazuje. Niektórzy z nich potrafią się komunikować, niektórzy nie – tak jak ludzie.

Pytanie: Co się dzieje z tymi duchami, które nie są wśród nas? Dokąd idą? Czy jest jakiś świat duchów?

Shannon: Oooo, to pytanie, na które nie wiem, czy potrafię odpowiedzieć na sto procent. Dziwną rzeczą na temat ich świata jest to, że nie doświadczają czasu i przestrzeni w sposób, w jaki doświadczamy go na tej planecie. Przez moment pomyślcie sobie, jak wyglądałby świat, w jaki sposób byśmy go odczuwali, gdyby nie było czasu, gdyby rzeczy nie działy się jedna po drugiej, ale wszystkie na raz. Teraz wyobraźcie sobie przestrzeń, całkowicie inną od naszej albo jakby w ogóle jej nie było, czyli wasz związek ze wszystkim na tej planecie wyglądałby inaczej. Nie byłoby zmierzonego dystansu pomiędzy wami i wszystkim innym na tym świecie. Jeśli zbliżycie się do tego i poczujecie jak to wygląda, będziecie wiedzieli jak odczuwają to duchy.

Odpowiedz: Dobra, to trochę za dużo jak na moją głowę (śmiech).

Pytanie: Mój adwokat umarł w zeszłym roku i było mi z tego powodu bardzo smutno. Czy mój smutek go blokuje?

Shannon: Super pytanie. Zajmijmy się tym tu i teraz, ok? Bo on jest tu z nami. Czy chciałabyś z nim porozmawiać?

Odpowiedź: Hmmmm, tak myślę...

Shannon: Ok. Dam ci narzędzia, żebyś mogła ich używać, kiedy będziesz sama. Zacznijmy od tego, żeby wziął cię za rękę.

Chciałabym, żebyś na niego spojrzała i była świadoma tego, co chce ci przekazać.

Odpowiedź: Dobrze, właśnie teraz poczułam się lekko.

Shannon: Spójrz na niego jeszcze głębiej i pozwól mu być tu i teraz w taki sposób, jak był dla ciebie kiedyś.

Odpowiedź: Dobrze.

Shannon: Największym nieporozumieniem na tym świecie jest myślenie, że jeśli ktoś umiera, odchodzi z tego świata na zawsze, pa pa, nigdy się już nie zobaczymy. To nieprawda. Szczerze mówiąc, oznacza to, że odeszło jego ciało. On tu ciągle jest i chce przyczyniać się do twojego życia w sposób, w jaki przyczyniał się za życia, ty musisz tylko pozwolić sobie na otrzymywanie tego w inny sposób. Nie odszedł na zawsze, jest tu teraz z nami w tym pokoju i trzyma cię za rękę. I wyczuwam poprzez energię, którą wydzielasz, że otrzymujesz od niego po raz pierwszy, odkąd umarł. Jak się czujesz?

Odpowiedź: Genialnie, nigdy się tak wcześniej nie czułam. Czuję, jakby ciepłe prądy powietrza przesuwały się po moim ciele, wszystko jest lżejsze i lżejsze.

Shannon: Bardzo dobrze, nie przestawaj. Teraz wiesz, jak się z nim połączyć i możesz bawić się tym połączeniem. Czy jesteś już tego pewna, że jest teraz z nami?

Odpowiedź: Tak sądzę.

Shannon: Jesteś szczęściarą, to miły duch. Może przemieszczać się między światami z lekkością. Nie wszystkie duchy to potrafią.

Pytanie: Miałam przyjaciółkę, która popełniła samobójstwo kilka lat temu i bardzo się z tego cieszyłam, bo wiedziałam, że jest w lepszym miejscu, ale wiedziałam też, że nie opuściła tego świata. Ciągle ją czuję. Ale jakieś trzy miesiące temu obudziłam się w środku nocy, mój chłopak odwrócił się do mnie, otworzył usta, wyszedł z nich jej głos, zawołała mnie po imieniu i powiedziała „odchodzę" i odeszła. Czy myślisz, że odeszła naprawdę?

Shannon: Tak.

Pytanie: Co zatem trzyma duchy na tym świecie? Tak, jak jej przyjaciółkę, która sama siebie zabiła? Możemy zatrzymywać duchy naszymi emocjami?

Shannon: Tak. I tak się stało w przypadku jej koleżanki. Ponieważ popełniła samobójstwo, wszyscy mieli ten punkt widzenia "to straszne". Kiedy ktoś odchodzi, a wszyscy wokół dramatyzują, może zostać zatrzymany przez myślenie nad swoim wyborem.

Pytanie: A zwierzęta?

Shannon: Tak, kiedy nadajesz dużo znaczenia zwierzakowi, chce przy tobie pozostać, bo cię słyszy i chce uhonorować twoją prośbę. Jeśli pozwolisz mu powrócić jako twój zwierzak albo odczuwasz to, że chcą do ciebie powrócić, poproś go o to. Przyjdzie do ciebie, jeśli ciebie lubi.

Niektórzy z was zaczną postrzegać wszystko inaczej. Jeśli naprawdę chcecie wzmocnić w sobie możliwości kontaktu z duchami, możecie to wyćwiczyć. Jak będziecie dziś w nocy w łóżku, postarajcie się maksymalnie zrelaksować. Świadomie odrzućcie wszystkie bariery, bo nieważne, czy ludzie są ich świadomi czy nie, zawsze budują bariery wokół duchów.

Świadomie więc je odrzuć i zacznij odczuwać, co się dzieje. Zacznij zadawać pytania: „Czy są tu duchy, które chciałyby ze mną porozmawiać?". Poprzez zadanie tego pytania zyskacie świadomość. Jeśli nie uda się wam tego zrobić dziś w nocy, spróbujcie kiedy indziej. Wybierz moment, kiedy jest spokój i dostrój się.

(do uczestniczki warsztatu): Zrobiłaś to i co się stało?

Uczestniczka: Powiem najpierw, że wcześniej miałam takie nastawienie, że duchy są straszne i działają przeciwko mnie. Kiedy zrobiłam to, co powiedziała Shannon, stało się coś pięknego! Powiedziały, jak się nazywają i poinformowały mnie, że są tu, żeby mi pomagać i robią to przez całe moje życie. To całkowicie zmieniło moje życie. Nie boję się duchów, tak naprawdę coraz bardziej otrzymuję wszystko od tych, które są tu, żeby mnie wspierać. To cudowne. Dziękuję Ci, Shannon.

Pytanie: Robię odkreowania duchów i nie mam pojęcia, czy odeszły czy nie.

Shannon: Kiedy mówisz te słowa, to się właśnie staje. Zajęło mi to trochę czasu, żeby zacząć to wyczuwać. Kontynuuj i zaczniesz to zauważać.

To, co zaczęłam zauważać przy czyszczeniu duchów, to fakt, że kiedy jestem w jakimś pomieszczeniu, pytam: „Może jest tu coś, co potrzebuje być oczyszczone?". Oczyszczam je i biorę duży oddech. To znak, że coś się zmieniło. Zacznij zadawać **Pytanie:** „Co się tu dzieje?". Zauważ subtelne energie.

Pytanie: Właśnie kupiłam gospodarstwo i czasem czuję się z tym ciężko. Zadaję sobie pytanie, dlaczego je kupiłam, czy powinnam wyczyścić z niego duchy?

Shannon: Dokładnie tak zrób. Możesz poprosić któregoś, który pomoże ci w prowadzeniu tego gospodarstwa, żeby został, a pozostałe poproś, żeby odeszły. Użyj narzędzi.

Pytanie (od małego dziecka): Boję się w domu ciemności.

Shannon: Boisz się ciemności we wszystkich pokojach, czy tylko w niektórych?

Dziecko: Przede wszystkim korytarza, który prowadzi do jednego z pokoi. Kiedy wchodzę do pokoju mojego brata, zapalam wszystkie światła i sprawdzam, czy nie ma nikogo za drzwiami i w szafie.

Shannon: Są dwie rzeczy z tym związane. Pierwsza to fakt, że jesteś bardzo wyczulona na duchy i energie. Czasem będziesz wystraszona, czasem nawet ja jestem wystraszona, ale nauczyłam się, że ten strach nie rządzi moim życiem.

Czasem duchy, które cię wystraszą potrzebują twojej pomocy, czy zechcesz im pomóc?

Dziecko: Dobra.

Shannon: Zacznij pytać o energie, które są przyjazne i zabawne. Poproś o kogoś do zabawy. Czyż nie byłoby super, żeby mieć z tym zabawę, zamiast się tego bać? Czy zechciałabyś zostać liderem największej świadomości w komunikacji z duchami w twojej rodzinie?

Dziecko: Hmmmm... tak.

Shannon: Chodzi o otwarcie drzwi dla tych energii. Dopiero się tego uczymy i ci którzy wybiorą staną się wstępem do zmiany świadomości na tym świecie.

Nauka nam mówi, że wszystko jest energią, wszystko jest stworzone z wibrujących molekuł – myśli, uczucia, emocje i ciało. Zacznij odczuwać te molekuły i fakt, że wszystko jest z nich zrobione, a później zacznij odczuwać przestrzeń między nimi.

Jesteś tą przestrzenią między molekułami, jeśli pozwolisz sobie nią być, zdasz sobie sprawę, że wszystko jest w tobie. Nic na ciebie nie ma wpływu; ty jesteś tym wpływem. Wszystko można zmienić, jeśli będziesz sobą, zmienisz ten świat.

Wtedy świadomość wszechświata będzie bardziej dostępna dla ciebie. Im bardziej będziesz świadomy, tym bardziej wzmocnisz, obudzisz, oświecisz i wykreujesz większe możliwości dla wszystkiego i każdego.

Jedyną rzeczą, która tworzy antyświadomość na tym świecie są wybory, których dokonują ludzie.

Dobrze, kończymy już zajęcia, czy podarowalibyście energię dla wszystkich duchów, które są tu z nami i przyczyniają się do naszego rozwoju? Dziękuję.

Super. A teraz odłączcie się od nich wszystkich, podziękujcie im i powiedzcie, że mogą odejść.

Dziękuję za wasze uczestnictwo w tym wieczornym warsztacie i za to, że chcecie spróbować w życiu innych rzeczy.

Uczestnicy: dziękujemy, dziękujemy, dziękujemy.

Informacja

Aby uzyskać więcej informacji o Shannon O'Hara i Access Consciousness wejdź na strony:

www.TalkToTheEntities.com

www.AccessConsciousness.com

www.ingramcontent.com/pod-product-compliance
Lightning Source LLC
Chambersburg PA
CBHW062041270326
41929CB00014B/2496